幼儿园生活活动指导

丛书主编　赵　宇
分册主编　邵晓晨　茅　茵
分册副主编　杨　悦　薛媛媛　李　硕
编　者　　孙冬青　王春晓　程　杰　刘　艳
　　　　　张李合　贾　艳　康　婕　乔媛媛
　　　　　陈雪洁　徐春红　郑　敏　初　旭
　　　　　顾海梅　魏园芳　赵　妲　王学荟
　　　　　杨建华　李　馨　于慧颖　董　莹
　　　　　周湘慧　肖　霞　崔竞茁　朱冬冬
　　　　　侯　旭　王亚娴　张爱玲

辽宁师范大学出版社
·大　连·

编者的话

提高学前教育质量的关键在于提高幼儿园教师队伍的专业素养。在国家教育部2012年颁布的《幼儿园教师专业标准（试行）》（以下简称《专业标准》）中，将幼儿园教师保教工作实践能力视为核心，作为评估其业务水平的重要标志。因此，探索将《专业标准》中的教育理念与基本要求转化为具体的教育策略，提高幼儿园教师运用专业知识分析解决教育实践问题的能力，对促进其专业发展具有重要意义。"幼儿园教师实践能力指导与培训丛书"（以下简称"丛书"）就是为了更好地贯彻《专业标准》和《3~6岁儿童学习与发展指南》（以下简称《指南》）而编写的。

"丛书"有三个突出的特点。一是主题性。"丛书"聚焦《专业标准》中环境的创设与利用、一日生活的组织与保育、游戏活动的支持与引导、教育活动的计划与实施、教师的反思与发展等专业能力，将其中的基本要求细化为各分册微主题，形成了主题化、系列化的丛书结构。二是实践性。"丛书"各分册内容力求做到精选专业知识和基本技能，凸显实践中的应用方法和常见问题的解决策略，通过提供系统的、丰富的实践经验和教育智慧，满足教师实际应用的需要，实现基于理论的实践指导。三是范例性。"丛书"提供了大量的实例、样例，这些文本、案例、问题情境等资源，对幼儿园教师起到了借鉴、参考和示范的作用。

"丛书"既可作为幼儿园教师自主研修用书，也可用于实践能力培训课程，还可作为园本课程研发与使用资源。编写团队由具有多年研究和实践经验的研训教师及一线优秀教师组成，内容来源于幼儿园教育教学实践与研究成果，"丛书"多次用于区域幼儿园教师培训课程并获得好评。由于编写时间和编者水平所限，书中恐有疏漏和不足之处，敬请斧正。

编者
2019年3月

前　言

　　生活活动是幼儿在园最重要的活动之一，它对幼儿养成良好的生活习惯、掌握多样的生活技能、形成积极的生活态度起着重要作用。幼儿园教师生活活动的实践能力主要体现在三个方面：一是对生活活动的内容和指标体系的掌握；二是灵活运用生活活动的组织与指导方法；三是掌握生活活动的观察与评估方法。

　　本书从提高幼儿园教师生活活动的实践能力出发，对幼儿园生活活动进行了概述，介绍了生活活动的教育价值，较为详细地阐述了生活活动的学习指标体系和组织方法，提供了观察与评估的样例，指导教师掌握各类生活活动以及各年龄阶段幼儿生活活动的具体内容、标准和组织流程，提高教师对幼儿生活活动的组织与评价能力。

　　本书还提供了23个生活活动案例，为教师开展各类生活活动提供参考与借鉴。本书可作为幼儿园教师指导幼儿生活活动的自主研修用书或培训课程教材，也可为教师设计和组织教育活动提供参考。

目录 Contents

第一章　幼儿园生活活动教育价值 /1

第二章　幼儿园生活活动学习指标体系 /2

第三章　幼儿园生活活动组织策略 /8

第四章　幼儿园生活活动观察与评价 /26

第五章　幼儿园生活活动案例 /30

入园活动
晨间问好 /30
心情预报 /32
我的一天 /34

盥洗活动
小手洗香香 /36
小兔检查站 /38
小盥洗，大约定 /40

如厕活动
卫生间标志设计大赛 /42
擦擦小屁股 /44

饮水活动
我爱喝白开水 /46
今天你喝了几杯水 /48
关键时刻多喝水 /50
小鸭告诉你 /52

进餐活动
我会用筷子 /54
美食播报 /56
肚子里有个小火车 /58
彩色的蜗牛 /60
食物金字塔 /62
健康的便便 /64
自助餐 /66

午睡活动
美丽的睡房 /68
甜甜的梦 /70

整理习惯
我会脱衣服 /72
我来叠衣裤 /74

第一章　幼儿园生活活动教育价值

生活活动是指满足幼儿基本生活需要的活动，主要包括进餐活动、睡眠活动、盥洗活动、如厕活动、整理习惯和作息习惯等。生活活动是幼儿生命活动的重要内容，是构成幼儿园一日生活的重要基础，同时幼儿生活的过程也是其学习的过程，具有重要的教育价值。

一、对幼儿个体具有重要意义

生活活动是人生命活动的重要内容，它为生命活动提供所需要的能量物质，维持有机体的基本机能需要。幼儿园生活活动保证了幼儿有充足的睡眠、合理的营养，满足了幼儿上厕所、饮水等生理、生活需要，为幼儿的生命和身体健康提供了保障。

二、对幼儿园一日生活具有重要价值

生活活动是幼儿园一日生活秩序的基础，与幼儿的各种学习活动环环相扣、紧密相连，构成一个连续、整体的幼儿园一日活动过程。它保证幼儿一日的生活与学习正常有序、有节律地开展。

三、对幼儿终身发展具有重要价值

幼儿园生活活动为幼儿提供了反复实践生活习惯和卫生习惯的机会，如饭前便后洗手、定时定量进餐、不挑食、不随地吐痰等，有助于幼儿养成良好的生活与卫生习惯。

幼儿园生活活动培养幼儿的生活自理能力和独立生存能力，实现幼儿生活技能与生活能力的获得，帮助幼儿适应不同的生活与生存环境，也是其他领域学习与发展的基础。

生活活动培养幼儿的自我控制、自我规划、主动探索等个性品质，有利于实现幼儿生活自理和性格自立，并使幼儿通过对生活的实践探索和亲身体验，感受和理解生活的意义，建立热爱生活的积极态度，为其终身发展奠定基础。

第二章　幼儿园生活活动学习指标体系

幼儿园生活活动学习指标体系涵盖各年龄段幼儿生活活动的目标与内容，是教师组织、评价教育活动的依据。教师应有计划地开展适宜的生活活动，支持幼儿自主、自觉地养成良好的生活习惯，提高生活自理能力。

一、生活活动的内容

幼儿园生活活动使幼儿在真实的生活情境中遵循生活活动的行为准则，发展各种生活自理能力，了解初步的生活和卫生常识，养成良好的生活、卫生习惯和生活态度，使幼儿在集体生活中能够愉快、安全、健康地成长。

（一）生活制度与生活常规

生活制度是指幼儿一日生活中的各项活动的顺序和时间安排，科学合理的生活制度能确保幼儿的各项生活活动有序开展，帮助幼儿养成良好的作息习惯。生活常规是指幼儿在生活活动的各个环节应遵循的行为规范和准则，它是保证幼儿生活活动顺利开展的必要规定。

教师应该根据幼儿年龄、幼儿园空间、气候条件等具体情况，建立并执行科学合理的生活制度，和幼儿共同制订适宜的生活常规。同时，帮助幼儿了解规律生活的重要意义，引导幼儿养成良好的作息习惯，遵守生活行为准则。

（二）生活和卫生常识

幼儿园生活和卫生常识是密不可分的，包括进餐、饮水、睡眠、如厕等生活方面的知识，如进餐时细嚼慢咽、用自己的水杯喝水、采取正确的睡姿和不用脏手揉眼睛等。

教师应该通过故事、游戏、生活活动本身等丰富多样的形式，引导幼儿了解生活和卫生常识，使其具备判断生活活动是否正确、适宜的能力。

（三）生活技能和自理能力

生活技能和自理能力主要是指幼儿日常生活所需要掌握的基本方法和自我服务的能力，如学会使用餐具、穿脱衣服的基本方法，具备独立进餐、整理衣物的能力。

教师应该鼓励幼儿做力所能及的事情，不因幼儿做不好或做得慢而包办代替，并为幼儿提供有利于培养生活自理能力的条件，如准备纸盒让幼儿练习自己收拾生活用品，逐步提高幼儿的生活自理能力。

（四）生活态度与积极情绪

生活态度与积极情绪是指幼儿对生活的良好心理倾向和意愿，包括积极向上、勇敢乐观的精神，友善真诚、不怕困难的品质，乐于助人、关爱他人的情感等。

教师应该对幼儿的尝试与努力给予肯定，为幼儿创造良好的心理氛围，让其保持愉快的情绪。当幼儿拥有了良好的生活体验后，也将逐渐形成良好的生活态度。

二、各类生活活动的目标与内容

（一）进餐活动

小班
- 在教师指导下将椅子轻轻摆放到固定进餐位置。
- 在教师的指导下正确使用勺子。
- 专心用餐，不挑食、不含饭，一口饭一口菜。
- 尽量不掉饭粒，保持桌面干净。
- 知道添饭添菜要举手。
- 餐后能漱口、擦嘴、送餐具。
- 餐后在教师引导下下桌，并安静活动。

中班
- 值日生在教师的引导下分发餐具。
- 安静进餐，熟练使用勺子，逐渐掌握筷子的使用方法。
- 细嚼慢咽，不掉饭粒、不剩饭、不用汤泡饭。
- 保持桌面和地面的清洁，能根据自己的食量添饭菜。
- 餐后正确漱口、擦嘴，主动送餐具。
- 餐后有序下桌，有序摆放椅子，并安静活动。

大班
- 值日生分发餐具。
- 正确熟练使用筷子进餐。
- 安静有序进餐，细嚼慢咽。
- 能根据自己的需要自主添加饭菜。
- 保持桌面、地面的清洁，能主动收拾桌面卫生。
- 餐后正确漱口、擦嘴，主动送餐具并分类摆放。
- 餐后有序下桌，有序摆放椅子，并安静活动。

（二）饮水活动

小班
- 知道喝水的好处，愿意喝白开水。
- 知道自己水杯的位置。
- 用自己的水杯喝水，用后能放回原处。
- 口渴时随时喝水，不喝生水。
- 正确使用饮水设备接水。

中班
- 知道喝水对身体的重要性，愿意喝白开水。
- 知道自己水杯的位置，能正确取放水杯。
- 随渴随喝，喝多少接多少，不喝生水。
- 正确使用饮水设备接水，排队不拥挤。

大班
- 知道喝水对身体健康的作用，愿意喝白开水。
- 用自己的水杯喝水，能正确取放水杯。
- 能根据身体需要调节喝水量。喝多少接多少，不喝生水。
- 正确使用饮水设备接水，有序排队，不浪费水。

（三）睡眠活动

小班
- 睡前进行如厕活动。
- 在教师的帮助下将脱下的衣物摆放整齐。
- 在教师的帮助下上床，盖好被子。
- 上床后不玩耍。
- 睡眠较好，在教师的唤醒下起床。
- 在教师的帮助下按顺序穿衣裤、鞋袜。
- 在教师的提示下如厕、盥洗。

中班
- 睡前安静如厕，及时排便。
- 安静有序地脱衣裤，整齐叠放衣裤、鞋子等。
- 上床盖好被子，用正确的睡姿入睡。
- 睡眠较好，能按时起床。
- 会正确独立穿衣裤、鞋袜。
- 知道起床后盥洗，并独立完成。

| 大班 | ● 睡前独立如厕。
● 安静、迅速地脱衣服并叠放整齐。
● 保持正确睡姿睡眠，安静入睡。
● 每天按时起床。
● 能独立起床、穿戴衣物。
● 能独立盥洗，尝试整理头发。 |

（四）盥洗活动

| 小班 | ● 在教师的提醒下做到饭前、便后、手脏时洗手。
● 在教师提醒下排队洗手，不拥挤。
● 知道洗手前要先挽衣袖。
● 在教师的帮助下正确洗手，不玩水和肥皂。
● 会用毛巾擦手，能正确取放毛巾。 |

| 中班 | ● 饭前、便后、手脏时主动洗手。
● 洗手前后整理好衣袖。
● 控制水量、动作，不打湿衣裤。
● 掌握七步洗手法，不玩水和肥皂。
● 正确擦手，整理好自己的毛巾。 |

| 大班 | ● 独立做到饭前、便后和手脏时洗手。
● 洗手时不推不挤、不争抢水龙头、不玩水和肥皂，节约用水。
● 洗手步骤正确，动作迅速。
● 毛巾叠放规整。 |

（五）如厕活动

| 小班 | ● 能主动告诉教师如厕的需求。
● 能分辨男孩、女孩便池。
● 掌握正确的如厕方法，不便在便池外面。
● 能定时排便，不便、尿裤子。 |

第二章 幼儿园生活活动学习指标体系

中班
- 排队如厕,能安静等待。
- 在教师提醒下便后及时冲厕。
- 如厕后独立整理衣物。
- 便后主动洗手。
- 了解排泄与日常饮食习惯的关系。

大班
- 男女分开排队如厕,能安静等待。
- 便后及时主动冲厕。
- 如厕后独立迅速整理衣物。
- 了解排泄与日常饮食习惯的关系,通过观察主动调整自己的饮食。
- 能自己擦屁股。

(六)整理活动

小班
- 能穿脱套头的上衣,穿脱皮筋腰裤子、"一脚蹬"鞋子。
- 认识自己的衣裤。
- 能在教师引导下叠放衣裤。
- 能在教师引导下将玩具、图书放回原处。

中班
- 能穿脱套头、带拉链的上衣,穿脱皮筋腰裤子、"一脚蹬"鞋子。
- 认识自己的衣裤、学具等物品。
- 能整齐叠放衣裤。
- 能根据标识整理玩具、图书等物品。

大班
- 能穿脱套头、带拉链、系扣的上衣,穿脱皮筋腰裤子、"一脚蹬"鞋子。
- 能按照形状、大小整理自己的物品包。
- 能整齐叠放衣裤,并与同伴相互帮助。
- 能协助教师整理教室里的物品。

第三章　幼儿园生活活动组织策略

在具体的生活活动中，教师要遵循生活活动的组织原则，掌握科学合理的组织流程，采取相关的策略引导幼儿顺利进行生活活动，满足幼儿的生活需要。

一、幼儿园生活活动的组织原则

生活活动的组织原则包括稳定性和灵活性相结合、一致性和连贯性相结合、主体性和差异性相结合、他律和自律相结合、教育性和游戏性相结合五个方面。

（一）稳定性和灵活性相结合

幼儿一日生活的流程与组织方式要相对稳定。教师应该根据幼儿的年龄特点和季节的变化，合理计划、安排幼儿的一日生活流程，让各活动的时间和组织方式相对稳定。这样可以让幼儿对生活活动产生时间的秩序感，养成良好的作息习惯，并且幼儿对熟悉的生活方式更容易产生安全感。

★教师每次在区域游戏结束后引导幼儿进行如厕活动，幼儿在熟悉这种作息后，会在游戏后自觉如厕。这样就减少了教师对生活环节的组织时间，使生活环节之间的过渡更加自然。

★遇到突发状况要灵活安排。一日生活的流程不是一成不变的，如果遇到突发的天气状况、个别幼儿的身体状况、临时调整活动时间等，教师需要灵活安排，保证幼儿生活活动质量。

★在春天的主题课程中，会遇到春雨突然降临。这时，教师可以暂时停止正在进行的活动，和幼儿在窗边、在门旁一起看一看小雨点，闻一闻雨中泥土的气味，一起观察春雨中植物的生长，感受季节的变化，这些都会使生活活动充满趣味与教育价值。这种对一日生活流程灵活的组织，需要教师善于观察生活，适时抓住教育机会。

（二）一致性和连贯性相结合

一致性包括三个层面。一是班级所有教师的生活活动组织需要一致，可以通过班务会议、互相观摩、配班合作等形式，在生活活动的目的、具体组织形式和方法以及要达成的效果等方面达成一致。二是生活活动组织要与幼儿园的文化内涵、课程的价值取向等相一致，不能只是凭借教师的个人经验与想法行事，要把生活活动看作幼儿园园本课程的组成部分。三是生活活动的一致性要延伸至家庭，教师应该采取多种方式使生活活动成为家园共育的重要内容。

★通过网络向家长发送录制的叠衣裤、整理被子方法的小视频，分享使用筷子的小儿歌等，让家长在了解生活活动内容与方法的前提下指导孩子。也可以通过家长开放日活动让家长了解幼儿的生活活动方式与个体的能力差异，触发家长实施生活教育的动机。

连贯性是指教师坚持生活活动组织的长期性和固定性。教师不要随意加减、改变组织方式，尽可能少提临时性要求，避免造成幼儿无所适从的感觉。当然，随着幼儿年龄的增长与经验的积累，其生活能力也会相应地不断提升，教师要在观察幼儿的基础上，提高生活活动的组织要求。

★区域游戏结束后，教师播放固定的音乐提示幼儿活动结束，引导幼儿自觉地进行游戏材料整理。这样会减少教师对生活环节的人为控制，使生活环节的过渡更加自然。

（三）主体性和差异性相结合

生活活动的主体是幼儿。教师应明确生活活动是幼儿在生活，要充分尊重幼儿的身心发展需要，为他们提供自主、独立的发展空间。鼓励幼儿做力所能及的事情，对幼儿的尝试与努力给予肯定，不因做不好或做得慢而包办代替。教师要放弃对生活教育大包大揽的做法，要给幼儿提供参与生活规则制订和生活活动管理的机会。

★教师组织幼儿讨论进餐规则,鼓励幼儿大胆探讨问题、发表观点、得出结论,绘制进餐约定。相对于生硬的规定,这样亲身参与的方式能让幼儿有更深刻的体会,也更容易接受。

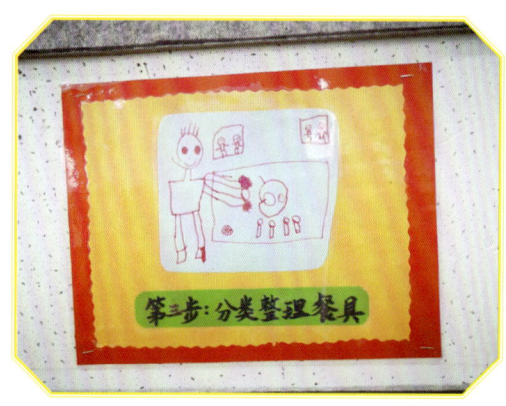
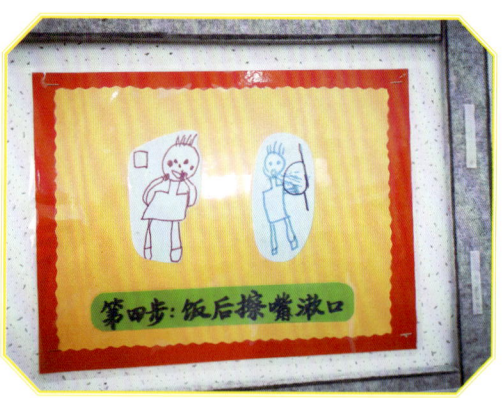

教师应将生活活动的自主权适当交予幼儿,使其在一定弹性空间里做自己喜欢的活动,选择自己喜欢的同伴等。

★如餐后的时间,进餐结束的幼儿可以选择阅读图书,也可以安静地进行益智游戏。教师要打破权威意识,回归儿童本位,让生活活动真正成为"孩子的生活"。

生活活动组织要考虑幼儿的差异性和独特性。幼儿因为个性、经验、家庭环境等因素的不同,各自的发展速度和达到某一水平的时间不完全相同,教师要尊重幼儿的学习方式和发展速度,支持和引导他们从原有水平向更高水平发展。特别是对于生活能力较弱的幼儿,教师要进行特殊的生活活动教育,不能包办代替,也不能统一要求,要给予充分的关注和支持,在尊重幼儿的前提下,支持幼儿的发展。

(四)他律和自律相结合

建立幼儿生活活动的规则。幼儿的年龄特点决定了他们没有足够的专注力与坚持性,认知和行动也不能完全统一。所以,在生活活动中教师要用规则、示范、提示等他律的方式来引导幼儿。

支持幼儿的自律。在建立规则的基础上,教师更要为幼儿的终身发展考虑,帮助幼儿实现自律,为幼儿自律提供有利条件。

★幼儿整理活动中,教师要提供一些纸箱、盒子,供幼儿收拾和存放自己的文具、图书或生活用品。通过值日、照顾植物、简单劳动等活动,提高幼儿的责任感、坚持性,培养幼儿自律的品质。

组织幼儿观赏和评价自己的生活活动成果,既可以使幼儿对生活教育产生接纳的心理,又能使幼儿获得成功感,从而产生良好的心理体验。教师要给幼儿充分的反复实践的机会。幼儿在实践中建构经验,获得"在什么时候、什么情况下该如何做、不该如何做"的认知和体验。

(五)教育性和游戏性相结合

生活活动能为幼儿提供有益的学习经验。教师在生活活动的组织中要挖掘生活活动中蕴含的教育价值,将各领域的教育内容与生活教育相融合,促进幼儿不同生活、学习、运动经验的交叉、重合,更好地实现幼儿的整体发展。同时生活活动为幼儿提供了重温一段时间之前习得的经验的机会,教师要指导幼儿学习和掌握生活活动的基本方法与规则,帮助幼儿重新建构认知或情感体系。

　　游戏是幼儿学习的重要方法。幼儿的学习是以直接经验为基础的,教师在生活活动的组织中要落实游戏精神。比如区域材料的整理活动,如何让幼儿做到有序整理是活动的难点。幼儿对物品的位置、摆放顺序等不太理解,这时教师抽象地解释可能作用不大,这就需要教师在游戏中加以说明。

　　★积木有不同的形状,在组织建构区游戏时,为了下次使用方便,一般要按形状分类。在幼儿活动结束后,教师就可以说"哎呀,现在玩具们也累了,要回家休息了,请小朋友们将手中形状相同的玩具放在一个筐里,按类把它们送回家"。此时,幼儿就可以理解"按类"是什么意思,能进行整理游戏材料这一生活活动。

第三章 幼儿园生活活动组织策略

二、幼儿园生活活动的组织方法

组织幼儿园生活活动，教师应该有活动前的科学计划、充分准备，活动中的尊重理解、有效观察、个别指导和支持鼓励，活动后的总结提炼和自我反思。

如厕是幼儿应具备的生活自理内容的一项。看似简单的如厕活动包括很多内容，如衣裤的整理、排队等待、身体清洁等，对幼儿的认知理解、动手能力和规则意识都是很大的挑战。如厕活动分为集体如厕和个别如厕，教师可根据幼儿年龄特点和具体情况每一至两个小时组织一次集体如厕，不可限制幼儿个体如厕次数。

（一）如厕活动的组织流程

1. 充分准备

教师应检查卫生间环境，如地面是否干爽、通道是否通畅等，保证幼儿如厕的安全。同时要保证至少两名保教人员同时在场，才可以组织如厕活动。一名教师主要关注卫生间的幼儿，另一名教师负责组织活动室内的幼儿。

2. 明确要求

教师在组织幼儿如厕前需要对活动提出要求，包括如厕前的排队等待、如厕后的衣裤整理等，还要强调如厕后幼儿的活动内容，给予幼儿了解自己生活活动的权利，避免出现幼儿如厕后无所事事的情况。这里需要注意，教师的要求不仅内容要符合幼儿年龄特点，而且提出要求的语句长度不能过长，由于幼儿的语言理解能力有限，以1~3句为宜。

3. 合理分组

教师根据班级幼儿人数和卫生间空间大小，组织幼儿进行分组如厕，同时要有意识地进行男女分厕。分组时要关注幼儿的年龄，如在小班，教师可以用点名如厕的方式，方便保教人员进行生活照顾，也可以按座位小组分厕，或按照男孩、女孩进行分组。

4. 整理检查

如厕活动后，教师要根据活动前的要求进行相应的检查，帮助幼儿整理衣裤。可根据幼儿年龄特点采取逐一帮助幼儿整理或者个别关注的方法，保证幼儿的衣裤整齐。

（二）温馨提示

1. 集中和个别如厕相结合

幼儿大脑和身体的协调能力较成人还不够完善，专注游戏时可能会忘记小便。教师需要定时组织幼儿如厕，并根据幼儿特点，提醒个别幼儿及时如厕。如幼儿经常出现尿裤子、拉裤子等现象，要分析原因，切忌责罚幼儿，导致幼儿产生心理负担。

2. 指导幼儿学习整理衣裤

教师不可对幼儿衣裤的整理包办代替，要提醒幼儿整理衣裤，并通过儿歌、模仿等方式引导幼儿学习衣裤的整理方法，通过不断的强化练习，使幼儿养成良好的生活习惯。

3. 注意如厕过程中的安全

在卫生间这个相对独立狭小的空间内，幼儿常常互相谈笑、打闹，一不小心就会发生摔倒、磕碰等危险。教师一是要关注卫生间内的人数，不要过多；二是要相互配合好，使全体幼儿在教师的视线范围内。

4. 引导幼儿了解大小便与身体健康的关系

大小便不仅是人的正常生理现象，也反映了我们的健康状况。许多幼儿如厕后会说"我的粑粑很干，像个小球""我的尿是黄色的"，教师可以抓住教育契机及时引导，让幼儿理解大小便与身体健康的关系，如排便困难应该多吃蔬菜，小便发黄要多喝水等。

 盥洗活动

《3~6岁儿童学习与发展指南》在健康领域中提出培养幼儿良好的生活与卫生习惯，"饭前便后主动洗手，方法正确"的教育内容和要求。所以，帮助幼儿学会正确的洗手方法，形成良好的生活习惯是非常有必要的。

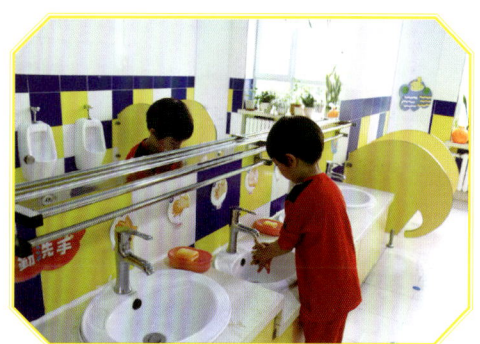

（一）盥洗活动的流程

1. 充分准备

盥洗活动之前教师要检查卫生间环境是否安全，幼儿的盥洗用品，如肥皂、毛巾等是否准备好。班级要有两名保教人员相互配合，组织幼儿盥洗。

2. 明确要求

教师在组织幼儿盥洗前需要对活动提出要求，如洗手前要挽起衣袖、洗手的方法要正确、排队不拥挤等。同时，和如厕活动一样，强调盥洗后幼儿的活动内容。

需要注意的是，幼儿完成餐前盥洗活动后，教师要引导幼儿不要再触碰其他物品，保持手部清洁，等待就餐。可以引导幼儿做一些手指谣，让幼儿关注到手部卫生，防止二次污染。

3. 个别指导

教师在组织盥洗过程中要观察幼儿的洗手步骤是否规范、毛巾整理是否正确等，对个别幼儿的盥洗活动进行指导。

（二）温馨提示

1. 引导幼儿掌握七步洗手法

正确的洗手方法，分为七步。第一步：掌心相对，相互揉搓；第二步：掌心与手背相对，相互揉搓手背；第三步：手指交叉，掌心相互揉搓；第四步：弯曲指关节，在掌心揉搓指背；第五步：一只手掌握住另一只手的拇指，在掌中揉搓；第六步：弯曲各手指关节，把指尖合拢在另一手掌心旋转揉搓，双手交换进行；第七步：揉搓手腕、手臂，双手交换进行。许多幼儿洗手不到几秒钟就结束了，有的只是把小手沾湿了，连肥皂都没打，有的小手上的肥皂泡还没冲洗掉……教师应通过多种方式，引导幼儿正确、认真地清洗双手，如通过儿歌、图示等帮助幼儿掌握七步洗手法。

2. 多种策略减少幼儿玩水、玩洗手液等现象

流动的水、滑溜溜的洗手液对幼儿有着奇妙的吸引力，很多幼儿在盥洗时出现玩水、玩洗手液的现象。教师如果一味地批评、教育，可能取得的效果不佳。教师可以换一种方式，在日常通过学习、游戏等活动让幼儿与水、洗手液、肥皂等充分接触，满足幼儿的好奇心、探索欲，幼儿在了解它们的特点之后，就会减少玩耍的现象。

饮水活动

水是生命之源，适当的饮水对健康有着不可替代的作用。

《3~6岁儿童学习与发展指南》中明确指出要培养幼儿良好的饮水习惯，3~4岁幼儿"愿意饮用白开水，不贪喝饮料"，4~5岁幼儿"常喝白开水，不贪喝饮料"，5~6岁幼儿"主动饮用白开水，不贪喝饮料"。每天组织2~3次集体饮水活动，并引导幼儿随渴随喝。

（一）饮水活动的流程

1. 充分准备

教师检查班级饮水设备是否可以正常使用，水温是否适合饮用（幼儿饮用水温度一般在40℃左右），在园幼儿的水杯是否摆放好，方便幼儿取放。

2. 明确要求

教师提出饮水要求，如合适的饮水量、拿稳水杯的方法、排队等待等，引导幼儿分批饮水。在组织中教师要注意，取放水杯区域、接水区域和喝水区域的空间安排，既要方便幼儿进行饮水活动，各区域之间又要有一点空间间隔，避免幼儿因拥挤导致洒水、滑倒等情况出现。

3. 细致观察

教师在组织饮水活动中，要观察幼儿是否全部饮水、饮水量是否适宜。在饮水活动中很容易出现幼儿漏喝等情况，为了幼儿的身体健康，教师一定要注意观察。

（二）温馨提示

1. 引导幼儿根据身体需要喝水

大部分幼儿知道喝水对身体健康有好处，但是由于生活习惯、知行不统一等原因，部分幼儿不能根据身体状况判断自己是否缺水，做不到及时饮水，这说明幼儿饮水需要依赖于成人的提醒。教师要在必要的时间段，如户外活动前、集体活动后等，组织幼儿集体饮水，要特别关注平时不爱饮水的幼儿，做到不遗漏。

2. 强化幼儿的饮水规则意识

小班幼儿，尤其是在小班上学期，因为对班级生活常规还不熟悉，手部精细动作发展也不完善，常出现水龙头拧过头、水接得过少或过多等现象。教师可以通过给水杯粘贴水位线、水龙头标注拧开的位置等环境布置，帮助幼儿更好地掌握饮水的规则。

3. 做到幼儿每日固定自己的杯子

每日固定自己的杯子是卫生保健的需要。小班幼儿入园首先要学习的生活活动就是辨认自己的杯子。教师可通过粘贴照片、姓名或其他标识等方法帮助幼儿识记、找到自己的杯子位置，并让幼儿知道不能使用他人的杯子喝水。

进餐活动

进餐为幼儿进行各项活动提供能量补给，进餐活动也是幼儿园生活活动中时间较长、过程最为复杂的一项活动。进餐前后幼儿各有15~20分钟的盥洗和安静活动，大部分幼儿就餐过程是30分钟左右。教师在优化生活活动秩序的同时，要使幼儿在获得快乐和自信中培养良好的饮食习惯。这里主要介绍集体进餐与自助进餐。

（一）进餐活动的组织流程

集体进餐

1. 充分准备

餐前准备活动第一步要请幼儿将椅子摆放在进餐的座位位置上。因为幼儿在进餐前要保证手部清洁，清洗后的双手尽量不再触碰其他物品。然后教师组织幼儿进行盥洗活动，这里需要注意的是，因为此时幼儿已经没有椅子，所以教师要根据班级教室布局进行合理安排，创设盥洗等待区和盥洗后等待就餐区，同时准备餐食的区域要和幼儿活动区域有一定的空间间隔，避免幼儿污染食物或被食物烫伤。教师可以组织盥洗后的幼儿进行手指谣游戏，并介绍当餐的食谱，引导幼儿了解食物的营养，鼓励幼儿不偏食、不挑食，激发幼儿的食欲。

2. 观察与指导

幼儿进餐时，教师要不断巡视，注意引导幼儿餐具的正确使用方法，及时发现幼儿添加餐食的需要，发现个别幼儿的不良卫生或饮食习惯要轻声提醒。当幼儿开始陆续完成进餐时，教师要特别关注和提醒幼儿把饭菜咽完才可以离开座位。

3. 整理活动

教师要提供餐后收放餐具的固定区域，引导幼儿将餐具分类摆放好，鼓励幼儿自己将食物残渣（如骨头）等扔进垃圾桶。之后组织幼儿漱口、擦嘴，做好餐后清洁。

教师要提前准备好幼儿餐后安静活动的材料，可以是图书，也可以是益智类操作材料，如魔尺、魔方、翻绳、迷宫盒等坐在位置上即可操作的材料。注意引导幼儿安静活动，避免行动和情绪过于剧烈、兴奋，否则不利于餐后食物消化。

自助进餐

1. 充分准备

在教室中布置幼儿取餐区域、进餐区域和等待取餐区域。取餐区域要依次摆放好幼儿的餐具、主食、菜品等，要提供便于幼儿使用的盛取饭菜的工具。

教师请幼儿将椅子摆放在进餐的座位位置上，然后组织幼儿进行盥洗活动。完成盥洗的幼儿在等待取餐区域排队等候，教师应向幼儿介绍当餐的食谱，引导幼儿了解食物的营养，鼓励幼儿不偏食、不挑食，激发幼儿的食欲。

2. 观察与指导

幼儿取餐时，教师要观察幼儿的取餐量，引导幼儿均衡饮食。幼儿如需要再次取餐，教师要观察幼儿是否存在挑食、偏食等问题，避免反复盛取同一种食物。

自助进餐的其他环节与集体进餐活动相同。

(二)温馨提示

1. 餐前为幼儿营造良好的就餐氛围

教师要在进餐前半小时结束其他游戏活动,帮助幼儿稳定情绪,并且提醒幼儿不要过量饮水,以免冲淡胃液影响消化。教师要营造愉快安静的进餐氛围,不批评幼儿、不处理问题,以免影响幼儿的情绪。

2. 进餐过程中要全程观察

幼儿进餐时,教师首先要注意安全问题,饭菜的温度要适宜才可以摆放到幼儿餐桌上。汤类食物要在盛餐区域盛好后,再端给幼儿,不可以在有幼儿就座的餐桌上盛汤,以免烫伤幼儿。幼儿进餐过程中,教师要不断巡视幼儿进餐情况。幼儿年龄小,吞咽能力较弱,注意力容易分散,可能会发生被食物噎到等情况,因此教师要全程观察幼儿进餐情况。要特别关注和提醒幼儿咽完最后一口饭菜再下桌,保证安全。

其次,培养幼儿良好饮食习惯最有效的时机就是在幼儿进餐的过程中,所以教师要注意细致观察幼儿进餐情况,如餐具的使用方法、进餐习惯等,发现问题可以轻声提醒并加以动作示范。教师也要关注幼儿进餐的饭量等,随时添饭,不催饭。对于食量大的幼儿,提醒其细嚼慢咽,食量小的幼儿注意个别照顾。

3. 注意幼儿食物过敏情况

教师应对班级幼儿的过敏情况进行调查,并与厨房做好沟通,当餐如果有幼儿过敏不能进食的食物,厨房要提供替代的食物。教师可以把过敏幼儿的信息以图表或者图片标注的形式张贴在班级某一处,方便所有带班教师关注到过敏信息,防止因疏忽造成的幼儿过敏反应。

4. 设计自助取餐的数量提示牌

当幼儿的餐食有排骨、虾、丸子等数量限制的食物时,教师可以放置标有食物图片和数量的提示牌,方便幼儿按数取物。

午睡活动

睡眠对幼儿的生长发育有着至关重要的作用。幼儿的大脑皮层容易兴奋也容易疲劳,活动半天后,需要午睡休息才能有充足的精力进行下午的活动。要"保证幼儿每天睡 11~12 小时,其中午睡一般应达到 2 小时左右"。午睡能为幼儿一天的身心发展、健康成长添油加力。

（一）午睡活动的组织流程

1. 充分准备

教师要在幼儿午睡前准备好床铺，如果是多层床铺，教师要特别注意床铺的固定，保证幼儿上下床的安全。同时教师应提前将窗帘拉上，营造午睡的氛围。

2. 如厕与整理

午睡前，教师要先组织幼儿如厕，然后指导幼儿脱下外衣裤并折叠整理好，放在自己的座位上或者其他指定的位置。

3. 观察与指导

教师要时刻关注幼儿的上床过程，特别是上铺的幼儿，要提醒他们不要踩到下铺的幼儿，必要时辅助幼儿上床。幼儿上床后，教师提醒其保持右侧睡的良好睡姿，并协助其盖好被子。教师可以采用讲述故事、播放音乐等方式帮助幼儿入睡，并注意观察全体幼儿。对入睡困难的幼儿，教师可以等到大部分幼儿入睡后，再通过轻拍、个别看护等方式引导其入睡。对于有午睡排便习惯的幼儿，教师要适时提醒。

4. 午睡后的起床活动

到了起床的时间，教师可以用轻松活泼的音乐唤醒幼儿，或者请已经睡醒的幼儿先起床，这样引导幼儿陆续起床可以方便教师关注每一个幼儿的下床安全。之后教师引导幼儿穿上衣裤、如厕和盥洗。

（二）温馨提示

1. 避免幼儿将小物件带上床

个别幼儿在午睡前喜欢把小东西带上床，如小树叶、珠子、发夹等，这些小物件如果塞进口、耳、鼻中，极易发生危险。所以教师要特别关注这种情况，可以准备一个固定的小筐，提醒幼儿将头上的发夹等物品放在小筐中。也可以利用儿歌等，在上床前检查幼儿的小手是否"藏"了小宝贝。教师也要特别注意幼儿束发的皮筋，

如果皮筋套在手指或手腕上勒得过紧，会导致血液不流通，产生严重的后果。所以教师一定要在幼儿上床前仔细检查，午睡过程中加强巡视。

2. 注意幼儿午睡时突发疾病

幼儿午睡时，是幼儿园一天中最为安静的时候，但教师切不可放松警惕，宁静的午睡中常常隐藏着安全隐患。幼儿午睡时，教师需要投入更多的精力，不断地巡视，给予幼儿更多的关注。一是要看，看幼儿的睡姿是否正确，被子是否盖好，为蒙头的幼儿整理被子；观察幼儿的状态和面色，如果神情异样或面色潮红，要进一步探询，这些都可能是疾病的征兆。二是要听，教师在巡视的过程中，要注意倾听幼儿的呼吸是否均匀，如果有剧烈咳嗽、呼吸局促等现象，要找到相应幼儿进一步查看。三是要摸，对于身体情况需要关注的幼儿，教师要不时摸一摸，了解其体温情况。

3. 对入睡困难幼儿的看护

对于班级入睡困难的幼儿，教师应与家长及时沟通，让家长了解幼儿的午睡情况，取得家长的理解和配合。教师可以在上午适当加大该幼儿的活动量。在午睡时间，当多数幼儿都入睡后，可通过安抚、讲故事、轻拍等方式，引导幼儿入睡。再利用其他时间对幼儿午睡进行表扬或奖励。在家园合作中培养幼儿良好的午睡习惯。

4. 合理安排午睡床铺

幼儿午睡床铺的安排要根据幼儿身体情况、午睡习惯、寝室布局等方面综合考虑。免疫力较低的幼儿需要安排在寝室靠里的位置，避开靠门的位置；午睡过程中有如厕习惯的幼儿，床铺安排要便于上下床，便于如厕；多个入睡困难的幼儿床铺可相距较近，便于教师同时看护；午睡时比较活跃的幼儿床铺不要安排过高，多个活跃的幼儿床铺间要有一定距离，避免出现危险和相互干扰。

入园与离园活动

入园与离园活动是一日生活的重要部分，它们的大部分内容由生活活动组成，所以在生活活动指导中也对其进行介绍。

★入园活动

晨间入园活动作为幼儿园一日活动的开始，是幼儿开启一日游戏、生活和学习活动的重要部分，它是幼儿在园一天美好生活有序进行的前提。

（一）入园活动的组织流程

1. 充分准备

教师进入教室开窗通风，根据季节调整开窗的时长，对活动室的卫生和安全进行检查，并准备好幼儿晨间活动需要的图书、游戏材料等。做好准备工作，教师到指定位置开展晨间接待工作。

2. 有效交流

教师要用饱满的热情、亲切的态度与幼儿、家长打招呼，同时进行简单的交流，向家长了解幼儿的身心状态，用赞赏、鼓励的方式拉近与幼儿的距离，让幼儿感受到安全感和归属感，营造温馨的人文氛围。

3. 细致观察

教师在接待中对幼儿开展晨间检查，做到：一看，看幼儿的咽部是否红肿发炎，口腔和手心有无红疹，身体是否有外伤，同时注意观察幼儿入园时的情绪，情绪过于亢奋或低落都需要和家长进行沟通询问。二问，询问家长幼儿昨天和今晨有无不良反应。三摸，摸一摸幼儿额头是否发热，有无淋巴肿大。四查，测量幼儿体温是否正常，检查幼儿是否携带不安全物品。教师可以通过拥抱、整理衣服等自然动作，检查幼儿是否携带不安全物品。

4. 盥洗与整理

幼儿进入班级后，教师提醒幼儿进行盥洗、整理外套、更换室内活动鞋等活动。根据幼儿园作息时间安排，教师组织幼儿自主游戏或进行谈话等其他晨间活动。

（二）温馨提示

1. 关注小班幼儿的分离焦虑

在小班幼儿入园阶段，分离焦虑现象表现得尤为明显。幼儿可能会出现强烈反抗的状态，如号啕大哭，又踢又闹或情绪失落，不理睬他人，表情迟钝。分离焦虑的出现具有特殊的适应意义，它是幼儿寻求安全感的一种有效的方法，教师应充分理解幼儿。教师可通过拥抱、语言交流等安抚方式与幼儿逐渐建立情感联系；或者用玩具、游戏转移幼儿的注意力,缓解幼儿的情绪;也可以让幼儿携带自己家中熟悉的玩偶等入园,以增加安全感。同时教师要和家长取得良好的沟通,使家长进行积极的配合,指导家长对幼儿入园进行正面的引导,对幼儿园、教师表现出熟悉的态度,这些都有利于缓解幼儿的分离焦虑。

2. 兼顾晨间多种活动同时进行

幼儿园的入园时间大多是一个时间段,这就造成有些幼儿已经进入班级活动,而一些幼儿才刚刚入园。教师要做到眼观六路、耳听八方,一方面需要接待刚入园的幼儿,另一方面也要兼顾在班级活动的幼儿,以关注到每个幼儿的表现。

★ 离园活动

离园活动是幼儿园一日活动的最后一个环节,是幼儿园生活向家庭生活的过渡。幼儿马上要见到父母了,心中充满喜悦和幸福,情绪会比较放松。在离园活动中,教师要注意延续幼儿的快乐心理,让他们感受到幼儿园生活的美好,从而激发幼儿对明天来园的向往和期待。

(一)离园活动的组织流程

1. 整理活动

离园前要引导幼儿将自己的物品整理好,如需要带回家的幼儿美术作品、大班幼儿的文具包等,还有入园时穿戴的外套、帽子、手套等幼儿容易遗忘的衣物。最后教师要特别注意幼儿的整体仪容仪表,面部、手部是否清洁,衣裤是否整齐等。

2. 谈话活动

在离园前,教师应抓住机会对幼儿的情绪进行调整。如请幼儿夸夸自己、说说今天的开心事、和好朋友拉钩约定等,满足幼儿的情感需要,引导幼儿回味幼儿园生活的愉快和美好,让幼儿带着良好的情绪回家,第二天也能心情愉悦地来幼儿园。

教师也可以和幼儿回顾一下学到的内容，或讨论一下需要和家长沟通的事情，让幼儿能把在幼儿园学到的、发生的事情和家长交流。

3. 接待活动

离园之前，教师要对离园活动提出要求，如在座位上等待，点到名字再离开，和老师、小朋友说再见等。离园时幼儿情绪兴奋，急于看到家长，会出现不遵守秩序的情况。同时家长也希望和教师交流幼儿在园的情况，但家长来园的时间不固定，这就需要保教人员进行合理的分工，明确自己重点负责的内容。如保育教师负责看护等待的幼儿，教师负责和家长简单交流等。

（二）温馨提示

1. 细致检查幼儿仪表

家长接到孩子首先注意的就是孩子的仪表，这关乎着家长对幼儿在园一日生活质量的判断，教师一定要对幼儿的仪表进行细致检查。如衬衣袖子是否卷进去，衬裤是否披到袜子里面，幼儿脸上是否有油渍等。这些细节教师在一日生活中都应注意，离园前更不容忽视。

2. 和家长有效沟通

教师在接待家长时，可以用简短的语言向家长介绍幼儿在园情况，特别是在园有特殊情况发生的幼儿，如尿裤子、轻微外伤等，当事教师要与家长详细沟通。主动的沟通、诚恳的态度，可以减少家长的消极情绪，取得家长更多的理解。

3. 离园要固定监护人

教师和家长做好沟通，要在每个学期初请家长提供1~2个负责幼儿离园的固定交接人，可以提供照片、电话等备注。如有突发情况临时需要更换，教师要请家长提供负责幼儿离园人的照片、电话等，并和家长及时沟通，进行确认。教师如果对接幼儿离园的人存有疑惑，可请幼儿园领导协助核查，万万不可轻易将幼儿交付他人。

第四章 幼儿园生活活动观察与评价

幼儿园的生活活动既包括成人为幼儿提供精心的呵护和照顾,也需要"帮助幼儿养成良好的生活与卫生习惯,提高自我保护能力,形成使其终身受益的生活能力和文明生活方式"。所以教师要对幼儿的活动进行个体观察与群体情况了解,掌握班级幼儿已有经验与水平,并对所观察到的现象进行分析,采取相应的策略,促进幼儿生活活动能力的提升。

一、幼儿园生活活动的观察内容

生活活动中幼儿的行为多样,教师要明确观察什么——不仅要观察幼儿的行动,也要观察幼儿进行生活活动的意愿、能力及行动产生的结果等。

(一)以幼儿生活活动本身为观察对象

将幼儿的生活活动作为观察对象,教师的观察内容包括幼儿对于生活活动的意愿,生活活动的能力及其在生活活动中具体的行动指标。

小班幼儿饮水活动观察记录表

观察内容\幼儿姓名	意愿		能力		行动			
	愿意喝白开水	随渴随喝	能正确取放杯子	能接适量的水	一手拇指在杯把上,食指、中指在杯把中,无名指、小指托住杯把;另一只手扶住杯子	双手配合接水、开关水龙头	不玩杯子
××	2	1	2	2	2	2	1
××	1	1	1	1	1	1	2
××	2	2	2	2	2	2	2
××	2	2	1	2	2	1	2

备注:"0"表示未能做到;"1"表示在教师提醒下能够做到;"2"表示独立完成。

(二)以幼儿生活活动的结果为观察对象

幼儿的生活活动不仅包括幼儿的主观认知与行为,也包括幼儿非主观的生理行为。这里的生活活动主要是指幼儿的生理活动,比如排便、午睡、进餐量等。

例如可以观察记录幼儿每日是否排便，排便是否困难，形态是否正常等。这也是幼儿生活活动的一部分，是幼儿身体是否健康的反映，也是很多家长关注的内容。教师可以每天将记录告知家长，家园共同关注幼儿健康情况。

班级幼儿一周排便情况观察记录表

幼儿姓名	星期一	星期二	星期三	星期四	星期五
××	1		☆		
××		1			
××					
××					
××				1	
××					1
备注：数字表示排便次数；☆表示排便困难（费劲或时间长）……					

二、幼儿园生活活动的评价方法

生活活动观察的特点是，在观察中往往伴随着评估。根据观察的目的不同，教师可以采用不同的观察与记录方法，并进行相应的评估。

（一）个体活动记录评价

个体活动记录评价是针对某一个幼儿的某一特定时间段或者某一特定生活活动的记录，并针对具体情况予以评价。常用于生活活动中有困难的幼儿的教育。

个别幼儿盥洗活动观察记录表

观察内容	盥洗活动			
观察地点	小二班盥洗室	观察对象	恩恩	记录教师	孙××
观察形式	个别	观察人数	1人	观察日期	2020年9月10日
观察幼儿盥洗活动，了解是否做到	1. 在图示提醒下会正确地洗手。 2. 在值日生监督下做到手脏时洗手。 3. 不玩水和肥皂。|			

（续表）

观察现象	恩恩在教室中玩了一会儿，在教师提醒下，磨磨蹭蹭地进入到盥洗室。他看了看在排队洗手的小朋友，停了一下，站到小朋友的后面。过了一会儿他慢慢转身，往盥洗室门口走去。他停下来看了看门口检查洗手的值日生，又慢慢转身回到队伍中。轮到恩恩洗手，他用水冲了一下手，然后走到门口让值日生检查，值日生闻了闻、看了看说："手没香味，请回去重新洗。"恩恩转过身回到水池边，他一边看着图示一边洗手。洗完后到值日生那里检查，值日生说："洗得很干净！"恩恩脸上露出笑容。
分析	1. 恩恩对盥洗活动表现得比较抗拒，他在教师的提示下才进入盥洗室，并且试图离开盥洗室逃避洗手，第一次洗手的过程也比较随意。 2. 恩恩对于洗手的方法没有完全掌握，值日生检查不合格后才按照图示认真洗手。恩恩能按照图示的七步法进行洗手，说明他具备正确盥洗的能力，动作也是规范的，只是没有完全记住盥洗的步骤。 3. 当值日生对恩恩进行表扬时，恩恩表现得很高兴。这说明在生活活动中他需要他人的提醒、督促和肯定。
指导策略	1. 幼儿生活活动的意愿是建立良好生活习惯的重要基础。教师可以通过与盥洗相关的故事、科学小实验等，让幼儿充分理解盥洗的重要性，自觉、自愿地去做。 2. 由于幼儿在生活能力上存在差异，教师在活动组织中要细心观察，精心设置。例如创设支持性的环境，让幼儿通过图示、照片等学习；在组织活动之前引领幼儿复习盥洗的方法；活动后通过总结评价的方式，激发幼儿积极活动的热情。 3. 教师要设计一些适合小班幼儿的盥洗策略。如通过设置"小马医生检查站"的方式，请幼儿轮流来当"小马医生"，通过看一看、闻一闻等方法检查幼儿的小手是否洗干净，也通过当"小马医生"提高幼儿的自觉性。

（二）群体活动记录评价

群体活动记录评价是通过记录群体某一生活活动的具体情况，了解群体幼儿生活活动认知与能力水平，并做出相应评价。它对教师制订班级下一阶段的生活活动教育计划具有重要意义。

中班幼儿盥洗活动观察记录表

观察内容 幼儿姓名	意愿 手脏时主动洗手	能力 能用正确的方法洗手	行动				
			洗手前挽袖子	不玩水和肥皂	自己取放毛巾	正确使用毛巾擦手	正确叠放毛巾
××	2	2	2	2	2	2	2
××	1	1	2	2	1	1	1
××	2	2	2	2	2	2	2
××	0	0	1	1	1	2	1
××	2	2	2	2	2	2	2
××	2	1	2	2	2	2	2
……							
备注:"0"表示未能做到;"1"表示在教师提醒下能够做到;"2"表示独立完成							
分析	1. 在洗手的意愿方面,班级80%的幼儿能够做到手脏时主动洗手。 2. 在洗手的能力方面,班级40%的幼儿能够做到按照七步洗手法进行洗手,50%的幼儿还需要教师的提示才能够做到。这说明班级幼儿对洗手的正确方法掌握得还不够。 3. 在洗手的行为上,有50%的幼儿在洗手前挽袖子方面需要提醒,其他各方面幼儿的掌握情况较好。						
反思与策略	1. 七步洗手法幼儿的掌握情况一般,这与幼儿的年龄特点有关。需要教师通过多种方式提示和引导。教师在盥洗活动前提醒,盥洗过程中观察引导,并在环境中提供正确的洗手流程图帮助幼儿掌握方法。同时教师通过形象有趣的儿歌,指导幼儿正确洗手。如儿歌《螃蟹洗手歌》:两个好朋友,手碰手;你背背我,我背背你;来了两个小螃蟹,小螃蟹;举起两只大钳子,大钳子;我跟螃蟹点点头,点点头;我跟螃蟹握握手,握握手。 2. 关于50%的幼儿在洗手前挽袖子方面需要提醒的问题,教师一方面需要通过儿歌《卷心菜》形象地让幼儿养成习惯,另一方面需要和家长取得沟通,建议家长给幼儿穿方便舒适的衣服,不要穿袖口过紧或袖口系扣子的衣服。 3. 从观察中可以看出,班级幼儿七步洗手法和卷袖口方面需要加强,这也将作为下一阶段的生活教育重点。同时与家长沟通生活教育内容,做好家园共育。						

第五章　幼儿园生活活动案例

幼儿园美好的一天是从幼儿早上来园开始的，教师们站在大门口，热情亲切地迎接每一个幼儿的到来。看似简单的问好环节，其实是很好的教育契机，可以培养幼儿礼貌待人的品质，同时也饱含了教师对幼儿的尊重和喜爱。因此，教师们要运用教育的智慧来和幼儿问好，用阳光微笑开启幼儿园一日生活的序幕。

活动准备

· 用图画形式记录的"问好图示板"（图1）

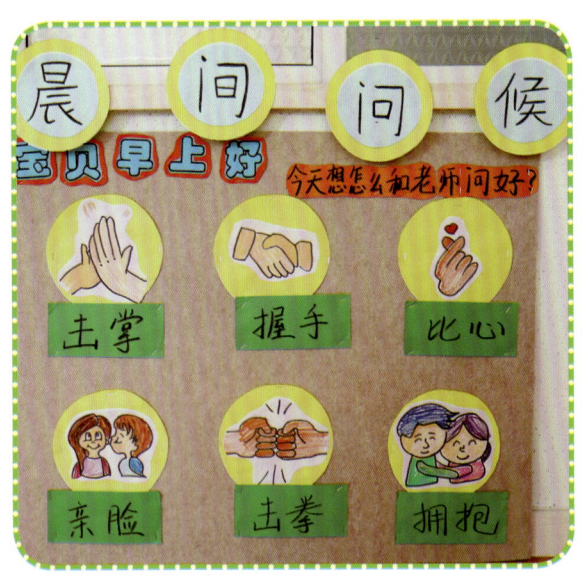

图1

活动小策略

讨论问好方式

教师可以和幼儿一起讨论问好的方式有哪些，比如有握手、击掌、拥抱等，然后用图画形式记录下来。教师将做好的问好图示板粘贴在班级门口的墙面上。教师可以引导幼儿观察图示板（图1），熟悉问好的方式，并大胆地加以运用。

第五章 幼儿园生活活动案例

选择问好方式

幼儿清早入园时，可以选择一种喜欢的问好方式和老师、小朋友打招呼，教师要积极地回应，以肯定幼儿的礼貌表现，同时也要引导幼儿和家长说再见。每天坚持迎接问好，培养幼儿的文明礼貌习惯，增进幼儿和老师、小朋友之间的情感。

创新问好方式

教师可以和幼儿创新问好方式，比如唱歌问好等，激发幼儿的问好热情。也可以选择和问好有关的绘本故事，如绘本《你好》等，创设绘本环境（图2），提醒幼儿主动打招呼。

图 2

活动小贴士

1. 引导幼儿晨间问好的图示可以多种形式呈现，如绘画记录、幼儿实景照片、动画中的人物形象等，以幼儿感兴趣、愿意模仿为选择的依据。

2. 入园时教师要积极、热情地和幼儿进行互动，针对不同性格的幼儿，教师可以用不同的方式来迎接。对于内向、害羞的幼儿，教师可以选择幼儿家庭中常用的问好方式，耐心鼓励、引导幼儿用此种方式打招呼。

幼儿每天的情绪都会有变化，虽然大部分时候是愉悦的，但也难免会产生消极情绪。教师要允许幼儿适当地表达、发泄自己的不良情绪，并引导幼儿学习如何恰当地进行表达和宣泄。通过直接、真实的心情表达，教师可以掌握幼儿入园的情绪状态，对一些有不良情绪的幼儿给予更多的关注，帮助幼儿疏导自己的情绪。

 活动准备

- 幼儿名字（照片）牌
- 教师自制"心情预报板"（图3）

图3

 **活动小策略**

交流心情符号

教师和幼儿一起交流不同天气符号代表的不同情绪，比如太阳符号代表开心快乐的情绪，乌云符号代表不开心的情绪，雨滴符号代表流眼泪的情绪。也可以请幼儿根据自己的想法自创记录心情的符号。

创设"心情预报板"

大班幼儿的绘画能力较强，教师可以和幼儿一起制作"心情预报板"。幼儿根据自己真实的感受，将心情用气象符号画出来，可将心情预报进行分类，如非常高兴、高兴、平静、伤心等。师幼将制作好的"心情预报板"粘贴在班级门口的墙面上，幼儿每天进入班级之后，在"心情预报板"上记录、展示自己的情绪状态，将自己的名字（或照片）牌粘贴在对应的"心情天气"板块上。

谈谈心情变好的方法

在晨间谈话活动时，师幼可以共同观看心情预报板，请心情好的幼儿分享一下开心的事情，请入园情绪低落的幼儿说一说现在感觉怎么样了，和老师或者好朋友说说悄悄话。同时教师可以组织幼儿说说"让心情变好的好方法"，记录在"心情预报板"上，让幼儿去探索心情变好的方法，尝试调节自己的情绪。

固定时间观看心情预报板

教师可以每天固定一个时间，和幼儿一起来观看"心情预报板"，对不同情绪的幼儿人数进行分类统计，数一数每天开心的幼儿有几名、不开心的幼儿有几名。也可以跟踪记录一种心情的幼儿人数，一周或者两周之后用折线的图示来展现，通过简单的生活活动让幼儿对统计的概念有一个初步的认识和理解。

活动小贴士

1. "心情预报板"的制作要根据幼儿的实际水平和能力，可以由教师布置好各种心情的分类图板，幼儿将自己的姓名或照片放到对应的位置（图4），也可以让幼儿独立用图画、符号等多种形式创造性地表达自己的心情，总之教师要充分尊重幼儿创意表达和展现自我的意愿。

2. 教师可以将幼儿如何让心情变好的方法进行总结，做成一本心情小书，让幼儿学习调节情绪的多种方法。

图4

幼儿园每天的学习和生活活动丰富多彩,并且相对稳定有序地开展着。中、大班幼儿具备了一定的时间观念,教师可以运用一日作息图示来展示幼儿园活动的不同时间安排,引导幼儿学习观察图示上的时间,养成良好的学习和生活作息习惯,快乐地体验幼儿园的一日活动。

活动准备

- 幼儿园活动作息图示(图5)

图5

活动小策略

讨论一日生活的内容

教师和幼儿一起讨论幼儿园里都有哪些活动,如进餐、学习、游戏、运动和午睡等,唤醒幼儿对幼儿园一日生活的记忆,同时也让幼儿感受到幼儿园一日生活的丰富多彩,喜欢参与幼儿园的活动。

记录一日生活

教师引导幼儿用图画或照片的形式呈现出讨论的一日生活内容（图5），然后一起按照时间顺序排列图片，让幼儿充分感受幼儿园里有序的活动安排，提醒幼儿了解并安排好自己入园后的生活，从而体验到良好的生活规律，并能遵守秩序。

布置作息图示环境

师幼可以将制作好的作息图画粘贴在班级的墙面上，便于幼儿随时观察和了解幼儿园的一日活动作息，加强时间观念。另外，幼儿可以制订自己某一时间段的学习或者游戏计划（图6），成为自己活动的小主人，发挥自己在生活活动中的自主性，有序地进行各种学习和游戏活动。

图6

制作时间钟表

不同年龄的幼儿对时间概念的认知程度不同，所以一日作息中的时间可根据幼儿年龄用不同形式呈现，如提供可拨转的纸盘钟表、可变换位置的时间卡片等，幼儿通过实际操作来亲身体验。对于年龄较小的幼儿，教师可以在进行每一项活动之前提示幼儿"现在是做××事情的时间了"，让幼儿对时间有一个初步的认知就可以了。

活动小贴士

1. 幼儿制订的计划可以包括时间、活动内容、选择的活动伙伴等，比如区域游戏的游戏内容、户外活动的玩具器械等。教师要倾听、尊重幼儿的选择，并给予幼儿回顾和调整自己计划的机会并提供必要的支持。

2. 教师同时也可以引导幼儿和家长制订家庭游戏和生活时间表，并按照时间表进行活动，让幼儿在家中同步养成良好的生活作息习惯。

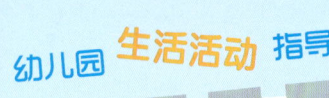

> 盥洗活动

小班

洗手是幼儿园中非常具有卫生意义的生活环节之一，在餐前、便后、户外运动后都需要幼儿把小手洗干净，保持好的卫生习惯。七步洗手法的步骤对幼儿来说挑战很大，教师可以利用与洗手相关的儿歌、图示等，在游戏与环境中引导幼儿学会正确的洗手方法，并及时地鼓励幼儿，激发幼儿争当"讲卫生宝宝"。

 活动准备

· 洗手儿歌
· 卷袖子儿歌
· 叠毛巾步骤图示（图7）

铺铺平　边对边　角对角　往上叠　完成了

图7

 活动小策略

学习盥洗的方法

教师可以通过儿歌朗诵、动作示范、图片展示、图加文提示等方式，引导幼儿学习盥洗中的各种方法。如儿歌《小手真干净》展示了洗手的具体方法，儿歌《卷心菜》生动地描述了洗手前卷袖子的方法，图加文儿歌《我会叠毛巾》可以让幼儿直观地

学习叠毛巾的方法等。洗手时教师要关注幼儿洗手的方法是否正确,幼儿是否在认真地洗手。

创设洗手的生活环境

教师要创设富有教育意义的生活环境,让环境成为无言的老师。为巩固幼儿对七步洗手法的掌握,教师可利用儿歌伴随幼儿洗手,也可在环境中用照片、图示等提示幼儿注意正确的洗手方法。在洗手环节之前,教师要讲清楚洗手的要求,提醒幼儿可以通过哪些环境来学习,把自己的小手洗干净。

餐前时间总结洗手情况

洗手环节之后,教师可以利用餐前等待的时间进行总结,肯定幼儿好的做法,鼓励幼儿来展示,同时对于洗手中存在的问题或者不正确的方法进行提示和纠正。

 活动小贴士

1. 教师要根据班级的实际情况,比如毛巾的大小、悬挂的方式等,设计、创编适合的儿歌或图示。

2. 关于洗手的儿歌,教师可以利用散步等环节和幼儿共同朗诵,让幼儿自然地学会洗手儿歌,并在洗手时用到儿歌中的方法。

3. 教师要将洗手的方法告知家长,请家长在家中也和幼儿以游戏、儿歌等形式坚持正确洗手的方法。

 **儿歌**

小手真干净

水龙头,轻轻开,我的小手冲一冲;
小肥皂,轻轻抹,我的小手搓一搓;
小毛巾,轻轻拿,我的小手擦一擦,
闻一闻,看一看,我的小手真干净。

卷心菜

卷卷卷,卷卷卷,卷出一个卷心菜。
卷卷卷,卷卷卷,卷出两个卷心菜。

我会叠毛巾

小毛巾,铺铺平,边对边,角对角,
一块块,往上叠,看谁叠得快又好。

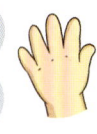

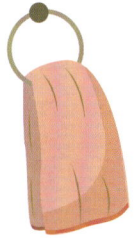

幼儿在洗手时，有时比较着急，会直接用水冲一冲而不用香皂，或者手上的香皂泡泡没有冲洗干净就离开。所以在幼儿洗手之后，教师要检查小手是否有香味、泡泡是否冲洗干净。中、大班幼儿可以通过值日生角色扮演的方式，检查幼儿的洗手情况，既能让幼儿认真对待洗手这件生活中重要的小事，又可以让幼儿体会到小监督员的作用，增强为他人服务的意识。

 活动准备

- 与洗手相关的绘本

 活动小策略

阅读与洗手相关的绘本

在日常生活中教师可以选择适合的有关洗手主题的绘本，师幼共同阅读，讨论洗手的重要意义以及什么时候应该洗手等问题，和幼儿交流洗手的正确方法，并一起认真学习七步洗手法。

创设"洗手检查站"

根据幼儿喜欢的绘本形象设立值日生扮演小兔医生（图8），"小兔医生"在"洗手检查站"中检查幼儿洗手的情况，

图8

第五章 幼儿园生活活动案例

用小鼻子闻一闻幼儿的小手是否有香皂的气味，用小眼睛看一看手上的泡沫是否冲洗干净、小手上有没有水珠，当全体幼儿都洗完手之后，"小兔医生"和教师共同总结幼儿的洗手情况。

创设卫生间的洗手环境

教师要善于利用卫生间的环境，布置与洗手相关的图示内容，引导幼儿通过观察图示来复习洗手的基本方法。如在洗手池旁粘贴洗手步骤图，让幼儿按照图示（图9）一步一步地认真洗手。

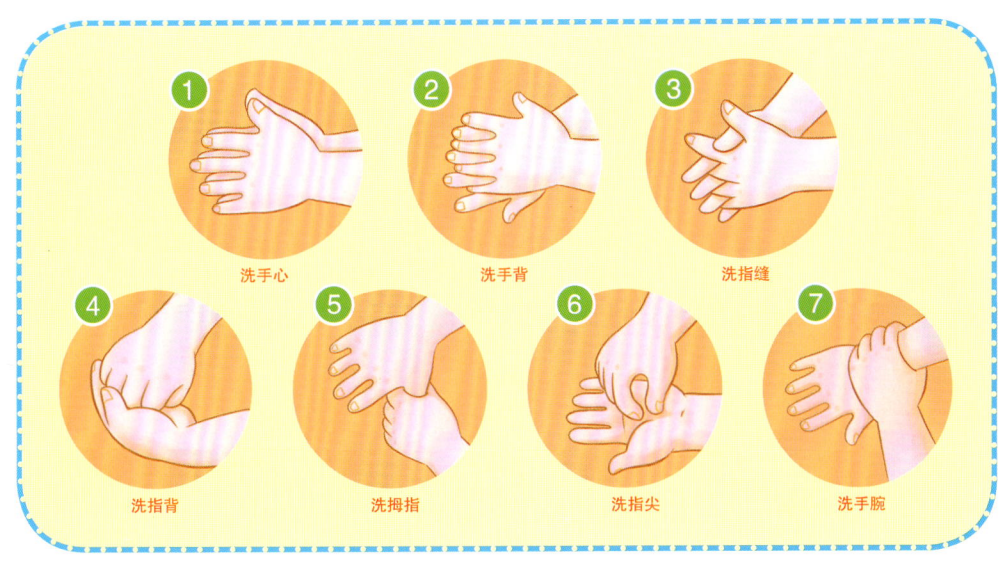

图 9

 活动小贴士

1. 关于盥洗的绘本，教师可根据实际情况自行选择，并根据选择的故事、班级进行的主题或是幼儿喜欢的绘本形象创设相应的情境，如本活动设立"小兔医生检查站"。根据每个阶段盥洗活动重点培养的习惯不同，"小兔医生"检查的内容也是不同的，如可以检查幼儿如厕之后衣裤整理的情况等。

2. 运用家园合作的方式，请家长在家也培养幼儿认真洗手的好习惯。

小盥洗，大约定　　中 大 班

在幼儿园中，每个班级的盥洗空间有限，相对密集的环境比较容易发生嬉闹、玩水、跑跳等现象。为了尽量避免这些情况的发生，教师可以和幼儿一起讨论、制订进入卫生间盥洗的约定，以此代替传统的说教，发挥幼儿的主动性和自主性，让幼儿自觉遵守约定，养成良好的盥洗行为规范。

活动准备

- 师幼共同制订的盥洗约定图画

 活动小策略

讨论盥洗时的约定

教师可以先搜集一些在卫生间嬉闹、跑跳发生危险的图片，让幼儿通过观看图片认识到在卫生间不遵守规则导致的后果。然后，教师和幼儿围绕"盥洗时应该遵守哪些行为规范"展开讨论，引导幼儿分享自己的观点，并达成共识。

创设盥洗公约环境

教师鼓励幼儿将达成共识的行为规范用图画或者符号等形式记录下来，展示在"小盥洗 大约定"展板中，形成"盥洗公约"（图10）。教师可以和幼儿一起将"盥洗公约"粘贴在卫生间合适的位置上，利用卫生间环境中的约定展示板提醒幼儿在卫生间时需要遵守的行为规则，发挥环境的重要作用。

第五章 幼儿园生活活动案例

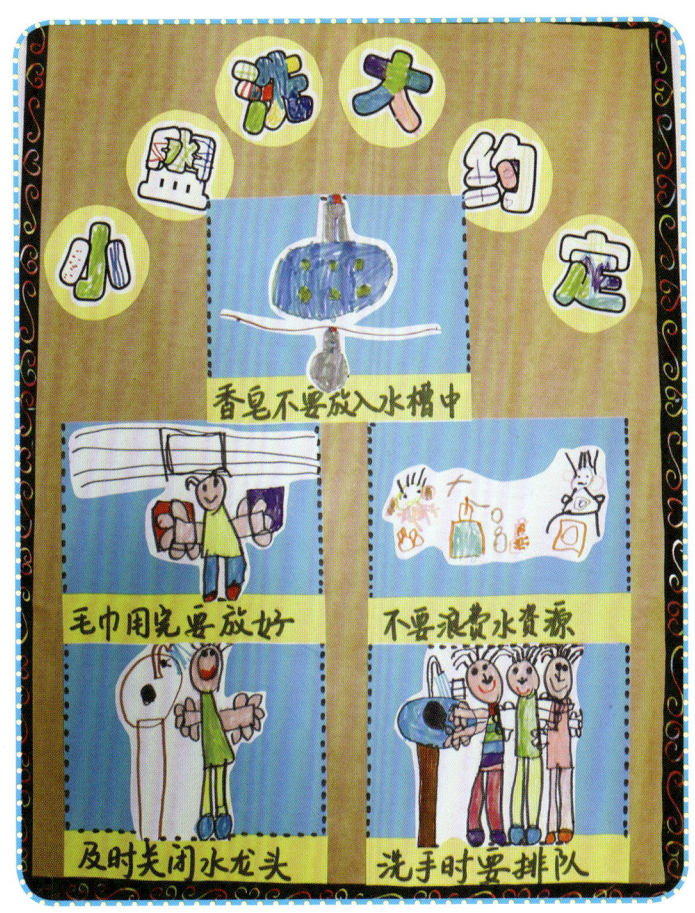

图 10

 活动小贴士

1. 盥洗的约定要和幼儿一起讨论，这样幼儿更能自觉地遵守。在和幼儿商讨行为规范时，要引导幼儿制订出适合本班幼儿年龄特点的规则，可以根据每月常规培养的重点来确定公约。

2. 记录的图画可以请绘画能力强的幼儿来完成。教师还需要注意的是一次制订的约定不要太多，要循序渐进，良好行为习惯要坚持才能养成。

3. 幼儿在家中也可以和家长一起制订约定，用图画的形式记录并粘贴在家里的卫生间中，以达到家园同步培养幼儿好习惯的效果。

如厕活动

卫生间标志设计大赛   中 大 班

随着年龄的增长，幼儿对性别概念有了一定的自我认识和了解，教师可以抓住这个生活教育的机会，让幼儿了解男孩和女孩一些生活方式的不同。结合幼儿的日常生活经验，通过开展让幼儿自己来设计男孩和女孩的卫生间标志活动，增强幼儿的性别意识，实行男孩、女孩分开的如厕方式，帮助幼儿养成良好的习惯。

活动准备

· 白纸（图11）
· 彩笔（图12）
· 生活中的卫生间标志图片（图13）

图11

图12

图13

活动小策略

观察生活中的卫生间标志

在标志设计大赛之前，教师先出示各种卫生间的标志图，请幼儿观察并讨论哪些是男卫生间的标志，哪些是女卫生间的标志，总结男女卫生间标志的特点，从而引导幼儿了解男孩、女孩有不同的秘密，要分开如厕。

设计卫生间标志

幼儿对男女卫生间标志有了一定的认知和了解后，教师可组织幼儿设计男孩、女孩的卫生间标志，并根据幼儿的实际水平给予指导和帮助。大班幼儿可以尝试用有男女特点的符号来代替男孩和女孩的形象。师幼用投票的方式选出合适的标志，标志没被选上的幼儿，教师也应给予鼓励。

创设男女卫生间环境

教师和幼儿讨论在卫生间粘贴标志的适当位置，共同将标志粘贴在男孩、女孩各自如厕的位置上，提示幼儿根据自己的性别寻找如厕时的不同位置（图14、图15）。

图 14

图 15

活动小贴士

1. 教师要根据班级卫生间布局进行分厕，如果卫生间在空间上没有条件，在如厕环节教师可以让男孩、女孩错开时间，从时间上来实现男女孩分厕。

2. 教师可以继续开展一些关于男孩、女孩不同的健康活动，同时鼓励男孩要勇敢，从小培养男子汉的担当品质。

擦擦小屁股 　小班

在幼儿园中，幼儿如厕以后不会正确使用手纸擦屁股的现象比较普遍。想要让幼儿成为一个比较独立的个体，第一步就是要培养他们基本的生活自理能力。通过阅读和拉便便有关的绘本内容，朗诵《擦屁股》儿歌，创设擦屁股的图示，让幼儿学习擦屁股的正确方法，激发幼儿自我服务的意识，使之逐渐成长为一个独立、自信的个体。

活动准备

- 与如厕有关的绘本
- 与如厕有关的绘本环境（图16、图17、图18）

图16

图17

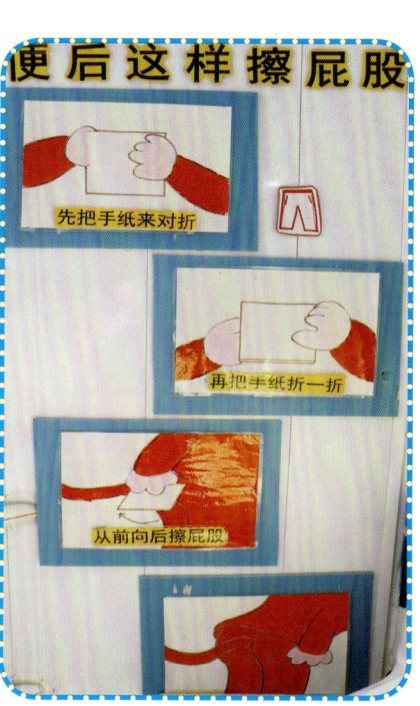

图18

 **活动小策略**

阅读有关如厕的绘本

教师搜集适合小班幼儿阅读的生活习惯养成类绘本，找到相关主题之后与幼儿共同阅读绘本故事。通过观察画面、阅读图书、分享交流等方式，引导幼儿了解如厕的规则。如：不能拥挤，要一个一个排队；知道便便之后要把小屁股擦干净；学习自己擦屁股等。

创设如厕的绘本环境

生活习惯养成类绘本比较多，教师可根据班级幼儿实际情况进行选择。在班级卫生间的环境中，教师可以布置绘本中人物形象的图画、擦屁股方法的图画等，如小动物上厕所时是一个接一个地排好队伍，小猴子便后这样擦屁股等，让幼儿在环境中不断回顾绘本内容，发挥环境的教育价值，时刻唤起幼儿的记忆，引导幼儿养成良好的如厕习惯。

朗诵自编的儿歌

教师还可以利用各种活动过渡的灵活时间，和幼儿朗诵与如厕相关的儿歌，如《擦屁股》，引导幼儿在诵读儿歌的轻松氛围中潜移默化地学习擦屁股的方法。

 **活动小贴士**

1. 幼儿每次便便之后，教师要及时地讲解、示范擦屁股的方法，并请保育老师给予配合，共同引导幼儿养成良好的卫生习惯。

2. 教师可以将绘本推荐给家长，让家长在家中也要引导幼儿养成便便后擦屁股的好习惯，实现家园共同培养。

3. 如厕中的自我清洁对幼儿的学习和心理都具有一定挑战性，教师要耐心引导，切不可严厉说教，操之过急。

擦屁股

卫生纸手里拿，对折一下擦屁股。
从下往上擦一擦，便便跑到纸上了。
再把纸巾折一下，擦擦屁股干净了。

饮水活动

小班

喝水对我们的身体健康起着不可替代的作用，但是在幼儿园的喝水活动中，幼儿需要找到自己的水杯，需要排队等待，需要自己打开水阀接水，需要找到一定空间喝水，这些都和在家中喝水有很大的区别，对小班幼儿而言也是有一定难度的。教师要通过故事、标志、图示等形式引导幼儿掌握喝水环节中的规则和方法，帮助幼儿养成喝水的习惯。

活动准备

· 与饮水相关的绘本

活动小策略

阅读与饮水有关的绘本

教师搜集一些与饮水有关的生活习惯养成类绘本，通过讲述绘本故事让幼儿了解喝白开水对身体的好处，通过谈话交流、图片展示等方式让幼儿了解科学饮水的常识，知道要多喝水。

创设饮水图示环境

图 19

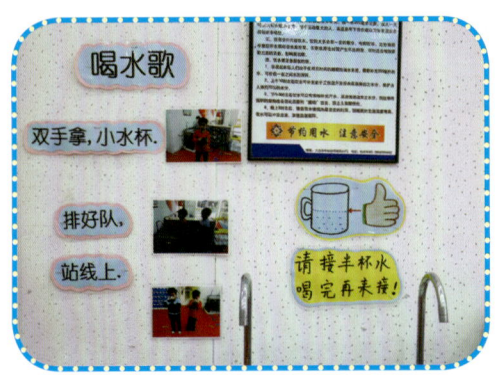

图 20

教师可以和幼儿共同创编图加文儿歌,利用环境创设中的喝水排队图示、喝水规则图示等(图19、图20),引导幼儿正确接水,发挥环境的提示作用,创设的饮水环境要符合幼儿年龄特点和班级活动主题。

制作饮水提示标志

教师要制作一些饮水提示的标志,讲解标志的含义,并将标志布置在饮水机附近,引导幼儿有序接水、喝水。设置喝水区域,避免接水的幼儿拥挤在一起;在地上粘贴排队标志(图21),引导幼儿排好队有序接水;在饮水设备上粘贴水杯接水的最佳位置(图22),减少水资源的浪费;在幼儿水杯外侧粘贴接水量的标志,帮助幼儿控制接水量和喝水量。

朗诵饮水小儿歌

图 21

图 22

教师可用儿歌伴随幼儿喝水行为,如儿歌"小水杯,圆点上,小开关,向下掰,接半杯,向上合,多喝水,身体好",让幼儿在朗诵儿歌的同时熟悉接水的方法,在有趣的小儿歌中不断练习。

活动小贴士

1. 教师在组织幼儿喝水时,要提出相应的要求,提示幼儿按照环境中的标志按规则接水、喝水。

2. 教师在一日生活中指导幼儿科学饮水时,要关注幼儿的个体差异,根据幼儿的体质和饮水需求掌握幼儿的饮水量。

今天你喝了几杯水 小 中 班

每天让每个幼儿都多喝水，保证一定的饮水量是教师们比较头疼的问题，一味地用语言提醒幼儿多喝水效果并不明显，幼儿并不能感受到喝水的重要性，也不会主动饮水。因此，在喝水环节教师可以利用班级中"会说话的环境"和小奖励的机制，激发幼儿饮水的主动性和积极性，以保证幼儿适宜的饮水量。

活动准备

- 喝水记录板（图23、图24）

图23

图24

活动小策略

创设喝水记录板

教师可在班级幼儿饮水设备附近设计彩虹喝水记录墙或"今天喝了几杯水"记录墙，利用幼儿熟悉的绘本人物来激发其喝水的兴趣。通过有趣的喝水记录板的形式提高幼儿喝水的积极性。同时，每个幼儿的喝水结果在墙上直接体现，使教师可以直观掌握全班幼儿喝水的基本量。对于个别喝水少的幼儿，教师可适当进行提醒和引导，以保证其身体所需水分的补给。

达成班级的饮水约定

教师和幼儿约定，只要喝完一杯水，自己的小照片就可以向上移动一步，当达到了一天的饮水量之后，幼儿的姓名贴就可以展示在彩虹桥上了。爬上彩虹桥的幼儿可以得到一定的小奖励，得到鼓励的幼儿会逐渐养成喝水的好习惯。

制作喝水记录板

教师要根据幼儿的兴趣和能力设置喝水记录板环境，针对不同年龄的幼儿要制作不同形式的喝水记录板，如小班幼儿可以用拨珠子、插吸管等方式记录自己的饮水次数，中班幼儿可以加入数字（图25、图26），大班幼儿可以自己创作喝水记录板的形式。

图25

图26

活动小贴士

1. 喝水记录板的位置要适宜，尽量设在饮水设备附近，方便幼儿喝完水后操作。

2. 对于一些由于特殊情况需要多喝水的幼儿，教师可以在喝水记录板上做出标记符号，提醒这些幼儿要多喝水。

关键时刻多喝水

大班

在日常中的一些特殊时刻，比如运动后、生病时、天气炎热时，幼儿需要多补充水分来保持身体的水平衡。幼儿对这些时刻并不是很了解，教师可以通过交流谈话、环境创设等方式让幼儿知道在哪些时候要多饮水。同时教师要多关注幼儿的这些时刻，如户外游戏结束、夏天天气炎热、秋天天气干燥等，引导幼儿在喝水环节多多喝水，补充身体流失的水分。

活动准备

- 多喝水时刻图示环境（图27、图28）

图27

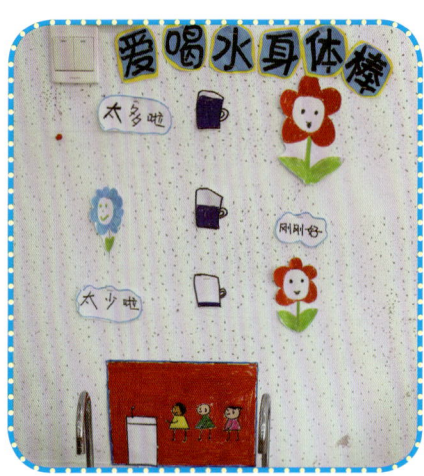

图28

 活动小策略

谈话讨论多喝水的时刻

教师可以利用晨间的谈话时间，组织幼儿围绕"什么时候需要多喝水"展开讨论，鼓励幼儿根据生活经验大胆讲述，共同总结出夏天天热时多喝水、秋天干燥时多喝水、身体不舒服时多喝水、运动流汗后多喝水等。

创设多喝水时刻图示

教师请幼儿尝试用图画记录生活中需要多喝水的时刻，师幼共同选择合适的记录图画布置在饮水设备附近的环境中，潜移默化地提示幼儿多喝水，从而帮助幼儿自觉养成多喝水的健康习惯。

 活动小贴士

1. 在师幼讨论前，可以先请幼儿和家长搜集一些需要适当多喝水的情景图片，丰富幼儿的相关生活经验。

2. 教师引导幼儿绘制需要多喝水的时刻图画，如生病、运动、炎热时等，并配上简短的文字说明，创设图加文的图示环境，引导幼儿在关键时刻多喝水。

3. 师幼可以继续探寻这些时刻要多喝水的原因，满足幼儿的求知欲，引导幼儿进一步认识到日常喝水的重要性。

小鸭告诉你　　　　小　中　大　班

我们都知道日常的饮水量会影响尿液的颜色，正常的饮水量所产生的尿液是透明或淡黄色的，较少的饮水量所产生的尿液是深黄色的。根据这一常识，教师可以引导幼儿如厕时观察自己尿液的颜色，对照环境中的相关健康尿液图示，直观地了解自己的体内是否缺水，从而养成主动喝水的习惯。

 活动准备

・小黄鸭图示（图29、图30）
・健康信号图示（图31）

图29

图30

第五章 幼儿园生活活动案例

活动小策略

图 31

创设尿液颜色图示环境

教师可在卫生间的环境中粘贴图示，引导幼儿观察自己的尿液颜色，从而判断自己的饮水量是否充足。教师应根据不同年龄段幼儿的认知水平和兴趣创设图示，比如小班幼儿可以运用一些可爱的小动物形象和故事情境，在卫生间中创设小鸭游泳的环境，淡黄色的水代表健康的尿液，深黄色的水代表缺水状态的尿液，让幼儿能清晰地发现淡黄色的尿液是健康的。中、大班幼儿认知和理解能力较强，教师可以用简洁的图示表示，如在墙面图示"健康信号"（图31）中，尿液颜色、水杯数图示和大拇哥、红十字的符号所构成的健康信号，能让幼儿直观地了解喝水量和尿液颜色的关系，提示幼儿要适量喝水身体才能健康。

活动小贴士

1. 在日常生活中饮水量过多、过少都是不正确的，教师不能一味地要求幼儿多喝水，而应引导幼儿适量饮水。

2. 教师要根据天气情况、幼儿活动量、幼儿个体差异等灵活掌握、科学指导幼儿进行饮水活动。

3. 如果幼儿理解图示内容有一定的困难，教师可以根据图示创编故事，帮助幼儿更好地理解饮水与身体健康的重要关系。

53

> 进餐活动

我会用筷子　　中班

我们中国人有使用筷子进餐的传统，可以说筷子是中华文化的一部分。使用筷子进餐可以让幼儿亲身体验到传统的文化，同时也可以锻炼幼儿手部肌肉的灵活性，使手指之间的配合更加协调。根据幼儿年龄和手部肌肉发展的特点，教师在中班下学期开始要引导幼儿学习使用筷子的方法。

活动准备

- 图加文图示
- 小动物喂食游戏材料

活动小策略

了解筷子的使用方法

教师可以先和幼儿了解一些筷子的文化，增加幼儿对筷子的认知经验。然后运用图加文儿歌（图32）讲解、亲身示范使用筷子的方法，演示"一指二指轻捏住，三指轻轻垫底下"的含义，让幼儿了解使用筷子的具体方法。接下来请幼儿练习使用筷子，通过实际操作感受使用筷子的方便和乐趣。

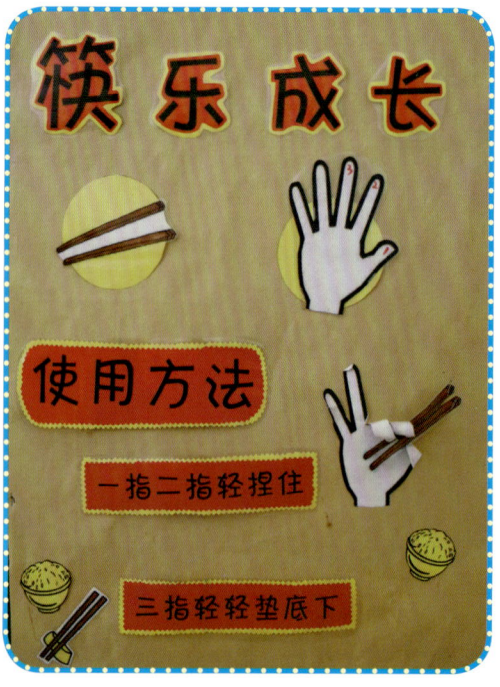

图32

操作"喂食"游戏

教师可在区域活动中投放以筷子为操作工具的游戏材料，组织幼儿开展用筷子给小动物喂食物等游戏（图33、图34），让幼儿充分地运用筷子来进行游戏，锻炼手部肌肉的灵活性。游戏中，教师要观察幼儿使用筷子的情况并提供适当的指导，帮助幼儿提升使用筷子的技能。

图33

图34

活动小贴士

1. 每个幼儿的手部肌肉灵活程度不同，幼儿开始学习使用筷子进餐时，教师也要提供勺子，让幼儿自主选择一种进餐工具。

2. 筷子文化是我们中华传统文化的一部分，教师可以采用多种方式帮助幼儿了解。应家园同步进行培养，请家长在家也引导并鼓励幼儿使用筷子。

3. 学会使用筷子需要一定时间的练习，所以教师不要心急，要给予幼儿足够的时间来不断练习，同时要多鼓励幼儿，增强他们的自信心。

美食播报

小 中 大 班

教师可以利用每天午餐之前的等待时间，请幼儿来播报当天的午餐食谱，介绍食物，充分发挥生活教育的作用，同时为幼儿提供锻炼和展示的机会，提升表达能力。通过美食播报活动，可以激发全体幼儿的进餐食欲，让幼儿了解食物、喜欢食物，养成均衡饮食的好习惯。

 活动准备

- 自制午餐播报食谱

 活动小策略

家园合作制作食谱

教师运用家园合作的方式，向家长说明活动的意义并发出倡议，请亲子根据幼儿播报当天的午餐食物，用图加文（图35、图36）的形式，共同制作幼儿园进餐的"食谱介绍书"，小班幼儿可以和家长共同完成，中、大班幼儿可以在家长的辅助下尝试自己完成。

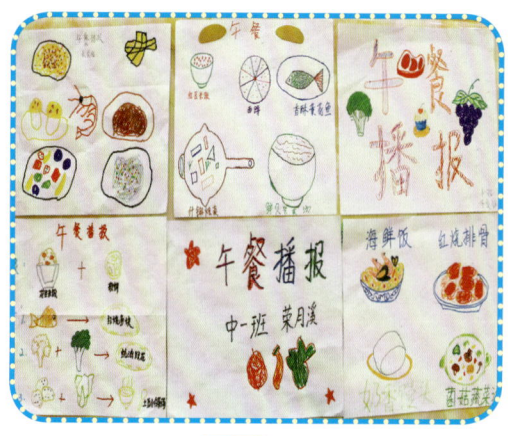

图 35

图 36

幼儿餐前播报活动

进餐前,小小播报员根据制作的"食谱介绍书"介绍当天的食谱。播报时,教师引导幼儿从食谱中饭菜的名称、饭菜中蔬菜和肉的种类、饭菜中的营养和进餐要求等多个方面进行详细的介绍,同时要引导其他幼儿认真倾听,了解不同食物的营养价值,感受食物搭配的均衡美味。

 活动小贴士

1. "美食播报"活动可在各年龄段开展,活动的形式要根据幼儿不同的年龄特点来进行。小班幼儿在播报食谱时可重点关注进餐的菜品名称和包含的食物,中班幼儿可重点介绍不同食物的营养,大班幼儿可以加入合理膳食、荤素搭配等内容。

2. 教师可以将幼儿播报的图加文制作成食谱小书,投放在语言区中,供幼儿反复阅读,以了解食物的营养价值。

肚子里有个小火车 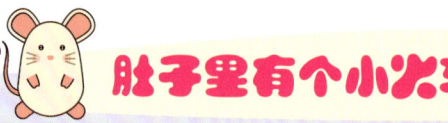（中 大 班）

幼儿进餐时会出现这样的现象：喜欢的食物会吃得很快，还会不停地要求添加这种食物。这种不恰当的饮食方式会影响幼儿的消化系统，形成不好的饮食习惯，影响幼儿的身体健康。因此在日常生活中，教师要关注幼儿的进餐方式，引导幼儿养成细嚼慢咽的饮食习惯。

 活动准备

· 与良好饮食习惯相关的绘本
· 进餐公约板（图37）

图37

 活动小策略

阅读饮食相关绘本

教师选择适合培养良好饮食习惯的绘本，通过阅读绘本故事，帮助幼儿了解自己的消化系统以及正确的饮食方式。通过进一步的交流讨论，帮助幼儿了解保护消化系统的方法，知道进餐时要细嚼慢咽、不能暴饮暴食等。

制订进餐公约

教师和幼儿结合绘本内容和实际生活讨论进餐时需要遵守的各种规则，并请幼儿将达成共识的约定绘画出来，教师配以简单的文字说明，布置成"进餐公约墙"，提示幼儿在进餐中要遵守约定，引导幼儿养成健康的饮食习惯。

 活动小贴士

1. 将进餐公约粘贴上墙前，可以组织一些谈话活动，和幼儿交流每一幅画面上规则的含义，让幼儿更好地了解进餐规则。

2. 进餐的约定可以定期更换，当幼儿能遵守进餐公约上的规则时，教师可以和幼儿制订新的进餐公约，进一步培养幼儿的其他进餐习惯。

彩色的蜗牛

小班

在幼儿园中，小班幼儿的挑食现象比较常见。幼儿将不喜欢的蔬菜等食物剩到盘子里，以各种理由拒绝吃掉。为了引导幼儿养成爱吃蔬菜、不挑食的好习惯，教师可以采用相关的绘本故事和爱吃蔬菜记录板相结合的方式，鼓励幼儿多吃蔬菜，让他们成为爱吃蔬菜、不挑食的好宝宝，养成良好的进餐习惯。

 活动准备

- 与饮食相关的绘本
- "彩色蜗牛"互动墙（图38）

图38

 **活动小策略**

阅读进餐绘本

教师和幼儿共同阅读绘本,引导幼儿通过观察画面中小蜗牛颜色的变化,体会小蜗牛吃了不同颜色的蔬菜、水果变出不同颜色的趣味故事情节,感受吃蔬菜的神奇和好处,从而激发幼儿多吃蔬菜的热情,逐渐养成不挑食的好习惯。

创设进餐互动墙

教师可运用绘本中幼儿喜欢的元素,在班级中创设绘本互动墙,为每名幼儿准备一只无色的小蜗牛,在小蜗牛上粘贴幼儿的照片,准备红、黄、绿色粘贴分别代表肉类、主食类、蔬菜类食物。教师和幼儿讲清楚进餐要求,每餐吃光哪类食物便得到对应颜色的粘贴,幼儿将粘贴粘到自己的小蜗牛身上,三种颜色都得到的小蜗牛就是爱吃蔬菜的好宝宝。教师根据互动墙结果,每周评选出不挑食好宝宝,激发幼儿的进餐食欲。

 活动小贴士

1.教师根据幼儿兴趣选出适合的绘本内容来创设互动墙,互动墙的操作方式可以是粘贴的形式,也可以是嵌插等其他形式。

2.互动墙的内容可以根据幼儿每个阶段不同的喜好进行更换。保持一定的新鲜感,幼儿才能喜欢参与其中,养成进餐好习惯。

幼儿园每餐饮食都会考虑到食物搭配与健康，做到营养均衡，但很多幼儿只喜欢吃其中的一种或者几种食物。幼儿到了大班阶段，可以让他们更多地了解合理膳食的意义与简单的搭配方法。教师可通过绘本故事、互动游戏墙等形式引导幼儿了解合理膳食的重要性，在日常生活中主动养成均衡的饮食习惯。

活动准备

- 与合理膳食有关的绘本故事、食物卡片
- 绘本互动墙

活动小策略

阅读饮食绘本

教师和幼儿共同阅读《胖国王》或《国王的面包》等与健康饮食相关的绘本，通过观察画面，引导幼儿知道进餐时要荤素搭配，不能只吃自己喜欢吃的食物，单一的饮食结构会影响身体健康，从而让幼儿养成良好的饮食习惯。

创设食物分类游戏互动墙

教师根据幼儿感兴趣的绘本内容，和幼儿共同创设食物分类游戏的互动墙面（图39），让幼儿自己为国王配制营养食谱，将选择的食物放进国王的肚子里，帮助国王减肥。绘本互动墙游戏不仅可以让幼儿在动手操作中体验到食物分类游戏的趣味性，而且能使幼儿进一步了解合理膳食的重要意义。

图39

活动小贴士

1. 教师可设计多种食物分类操作活动（图40、图41），让幼儿在实际操作中感受营养膳食的重要性，强化幼儿对健康饮食的认识。

2. 教师也可以请幼儿和家长继续找一些和营养膳食有关的绘本或者图片，带到幼儿园和小朋友一起分享阅读。

图 40

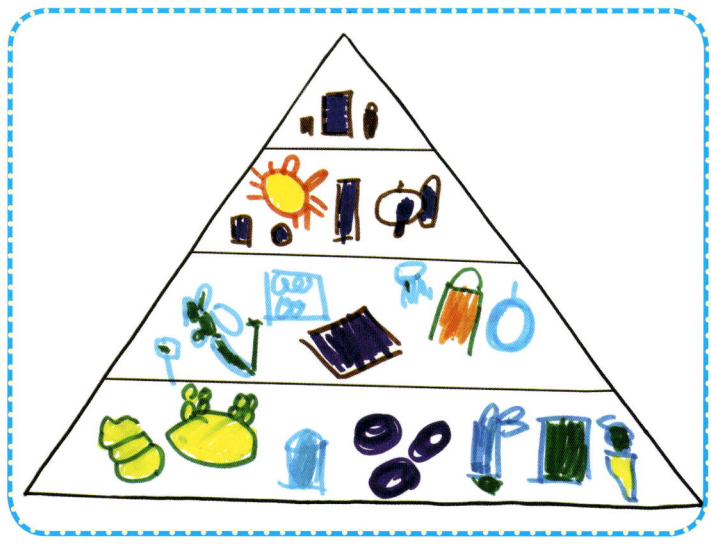

图 41

幼儿的便便情况和日常的饮食习惯有着密切的关系，帮助幼儿养成定时排便的习惯对身体健康有着重要意义。幼儿便便后，教师可以引导他们关注自己的便便情况，通过对便便的观察主动调整自己的饮食。通过绘本阅读、"健康便便"图示环境支持等方式，让幼儿主动形成良好的饮食习惯。

活动准备

- 与便便相关的绘本
- "健康便便"墙面环境

 活动小策略

阅读有关便便的绘本

师幼共同阅读绘本，通过对画面的观察和理解，幼儿会发现便便是有不同形态的，引发幼儿对不同形状的便便产生思考，从而了解到便便的形状和日常饮食有密切的关系，让幼儿感受到饮食和进餐习惯的重要性。

设置便便记录板

日常生活中，班级里会有一些幼儿不好意思在外面大便，有便便时常憋着回家再解决。教师可以设置便便记录板（图42），运用一些幼儿熟悉的绘本形象，让幼儿放松心态，发现记录板的有趣，不再因为在幼儿园便便而感到害羞。教师也可以设计班级幼儿的便便记录单，粘贴在卫生间墙面上，将每天便便的幼儿记录下来，晚上发给家长，让家长了解幼儿在园的便便情况。

第五章 幼儿园生活活动案例

图 42

创设"便便图示"环境

教师可以在卫生间创设"你的便便健康吗"图示（图43），向幼儿讲解不同形状的便便代表的含义，引导幼儿了解健康便便的形状是条形的。请幼儿在如厕时注意观察自己的便便形态，判断自己的便便是否健康，从而调整自己的饮食和进餐习惯。

图 43

活动小贴士

幼儿在幼儿园排便时，教师要关注幼儿的便便情况，如果出现稀便便等不正常情况，教师要及时和家长沟通，关注幼儿健康状态。

自助餐 〔中大班〕

中班和大班的幼儿已经具备了一定的自我服务意识,他们喜欢自己的事情自己来完成。教师应充分利用生活中幼儿可以进行自我服务的环节,比如进餐时,采取自助取餐的形式,让幼儿自己添加饭菜,以便调动幼儿参与的积极性,锻炼幼儿的生活自理能力,同时培养幼儿珍惜粮食的好品质。

活动准备

- 自助餐四步曲图示(图44)
- 食物数量牌(图45)

图 44

图 45

活动小策略

师幼讨论自助餐约定

教师组织谈话活动,和幼儿一起交流关于自助餐的经历,并说一说在班级吃自助餐需要注意什么,要做哪些事情,如排队等餐不能插队、吃多少盛多少不要浪费、取餐时要拿稳盘子、餐后分类整理餐具等,鼓励幼儿大胆表达,说说正确的做法,并和幼儿达成自助取餐的约定。

第五章 幼儿园生活活动案例

创设自助取餐的图示

教师根据幼儿所说内容进行总结，师幼共同制订自助餐四步曲（图44）。当和幼儿约定好之后，进餐时就可以尝试自助取餐的形式，取餐过程中教师要引导幼儿盛取每一种食物，不能挑食。进餐时，教师要关注幼儿的食量，引导幼儿适量增添，做到合理膳食。进餐后，引导幼儿将餐具送回指定位置并分类放好。

 活动小贴士

1. 对于一些定量的食物，比如包子、鸡翅等，可以制作数量牌（图45），引导幼儿按数量取食物。

2. 幼儿取餐时，教师要及时关注幼儿的取菜量，以防有的幼儿吃得过少，提醒幼儿每一种食物都要吃。

3. 每餐中的汤、粥类食物，保教老师要盛好放到幼儿座位处，以免幼儿盛取时泼洒出来发生烫伤。

幼儿园 生活活动 指导

午睡活动

美丽的睡房 小 中 大 班

午睡是幼儿在园生活的一个重要内容，幼儿在午睡时可以放松身心、补充体力，温馨的午睡环境可以让幼儿快速入睡，并增加幼儿安全感。因此，教师要为幼儿创设舒适的午睡环境，让幼儿喜欢午睡，有良好的睡眠体验，养成在幼儿园午睡的好习惯。

活动准备

- 温馨的午睡环境
- 与午睡相关的绘本

活动小策略

阅读与午睡相关的绘本

教师和幼儿一起阅读关于午睡的绘本或故事，引导幼儿通过观察画面了解睡眠对身体的好处和睡觉的正确姿势等，知道每天都要保证一定的睡眠时间，从而慢慢喜欢午睡活动。

布置绘本午睡环境

教师利用睡觉绘本故事中幼儿喜欢的人物、熟悉的情境，将绘本中的画面呈现在班级睡房中，让幼儿感到熟悉和亲切，在舒适、轻松的环境中安心入睡，从而培养幼儿喜欢睡觉的习惯。

第五章 幼儿园生活活动案例

 活动小贴士

1.睡房环境的布置要选择幼儿感兴趣的绘本内容，颜色要淡雅柔和（图46、图47），这样才会给幼儿舒适的心理体验。

2.午睡前，教师可以讲述绘本故事或播放轻柔的乐曲，营造午睡的氛围，帮助幼儿快速入睡。

图46

图47

69

甜甜的梦

大班

幼儿在午睡时会有做梦的现象，有的幼儿对做梦这件事情充满好奇，教师要保护幼儿的求知欲，同时培养幼儿的睡觉好习惯。起床后教师可以引导幼儿说说自己的美梦，加深幼儿对梦的理解，激发幼儿对睡觉这一生活内容的喜爱之情。

活动准备

- 与睡觉相关的绘本
- 美梦展示板

活动小策略

阅读午睡绘本故事

师幼共同阅读关于午睡的绘本故事，如《晚安，大猩猩》《睡觉去，小怪物》《野兽国》等，通过观察画面引发幼儿对美梦故事的兴趣，感受睡觉的乐趣。

讨论午睡约定

阅读之后，根据班级幼儿午睡的实际情况或存在的问题，教师可和幼儿讨论入睡和起床的合适时间，制作午睡时间图表，说说午睡要注意的事情等，引导幼儿遵守睡觉时间的约定和规则，养成良好的午睡习惯。

交流午睡的美梦

午睡起床后，教师可引导幼儿互相讨论自己的美梦，大胆地说说自己做梦的内容，同时用绘画的形式记录并粘贴到美梦展示板中，供幼儿随时分享交流自己的美梦。教师还可以引导幼儿将美梦图画制作成小书，投放到语言区，鼓励幼儿随时交流并丰富内容。

活动小贴士

1.美梦展示板（图48）中可以融入午睡绘本中的元素，创设丰富的绘本情境，让幼儿更加有兴趣参与其中。

2.可将幼儿感兴趣的午睡绘本推荐给家长，让幼儿在家中可以继续阅读，同步养成睡觉好习惯。

3.如果班级幼儿对梦感兴趣，教师可以拓展一些关于梦的认知活动，丰富幼儿的相关经验。

图48

幼儿园 生活活动 指导

整理习惯

我会脱衣服  中 大 班

午睡前幼儿脱衣物和整理衣物的环节是培养幼儿自理能力的良好契机，在这个生活环节幼儿可以自己练习脱、叠衣服，提高生活本领。教师可以运用一些相关的儿歌、环境图示等帮助幼儿学习整理衣物的小技巧，让幼儿在轻松愉快的氛围中自然地提升生活技能，增强其自信心。

活动准备

· 创编的图加文儿歌

活动小策略

学习整理衣物的方法

教师可以利用生活中的零散时间，和幼儿先来共同阅读图加文儿歌，学习脱衣服的顺序和整理衣物的方法，增加幼儿的生活经验。

穿脱衣服的指导

在午睡环节，教师可引导幼儿一边说脱衣服的小儿歌，一边练习自己脱衣服并按照正确顺序整理衣物（图49、图50），做得又快又好的幼儿教师要及时给予表扬，用表扬的方式鼓励其他幼儿一起学习。午睡起床时，教师也可以利用小儿歌引导幼儿快速地自己穿好衣服。无论是在脱衣服还是在穿衣服的环节，教师都要注意观察和指导，对于班级中一些自理能力较弱的幼儿，教师应多关注。

儿歌

脱衣儿歌	穿衣儿歌
先脱小鞋摆整齐， 再脱裤子叠一叠。 小小衣服整理好， 最后脱下小袜子。	先穿上衣再袜子， 小小裤子穿整齐， 鞋子左右要分清， 两只鞋子请穿好。

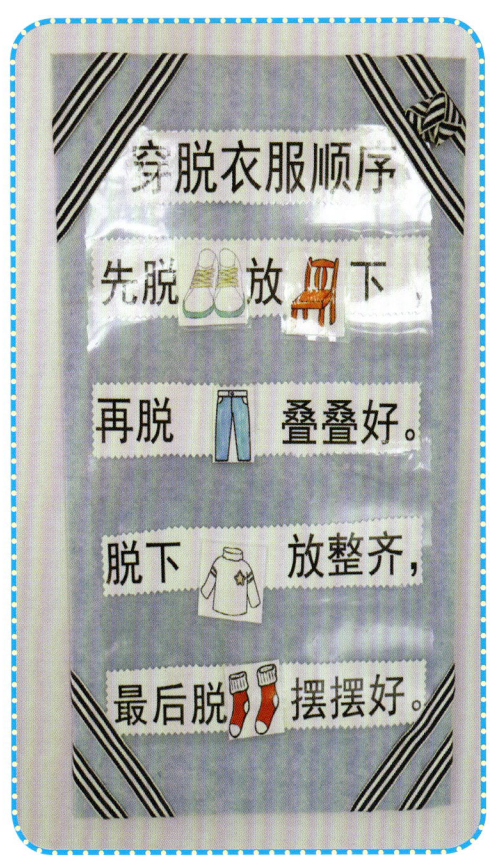

图49

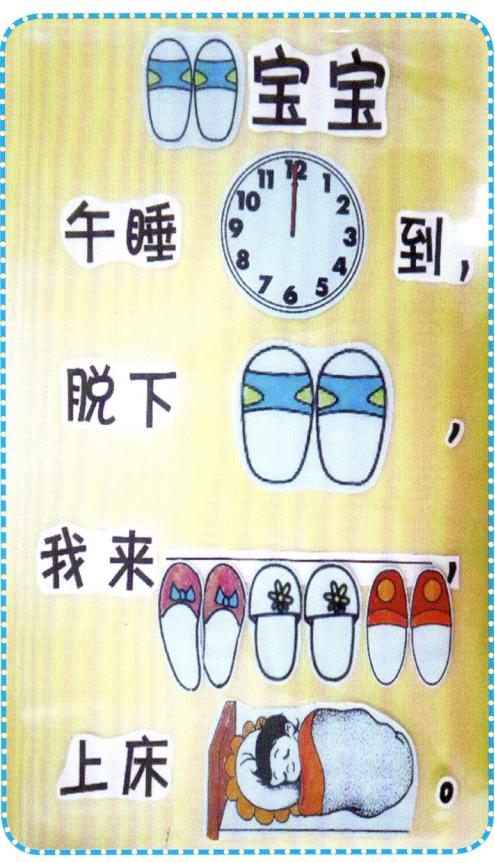

图50

活动小贴士

1. 教师可利用午睡散步环节，和幼儿朗诵儿歌，提前帮助幼儿熟悉脱衣服的顺序。

2. 教师可通过家园配合的方式，请家长在家中配合幼儿练习整理衣物，对于个别能力弱的幼儿，教师要和家长多沟通交流。

 我来叠衣服　　　　小班

在幼儿园午睡脱衣服的环节，由于小班幼儿的自理能力较弱，可能会脱下衣服直接放在小椅子上面，这样就会出现衣服混乱放在一起的现象。为培养小班幼儿的生活技能，教师可以运用叠衣服的儿歌、环境中的图加文等方法培养幼儿叠衣服和裤子的能力，帮助幼儿从小养成良好的生活习惯。

活动准备

· 叠衣裤图示（图51、图52）

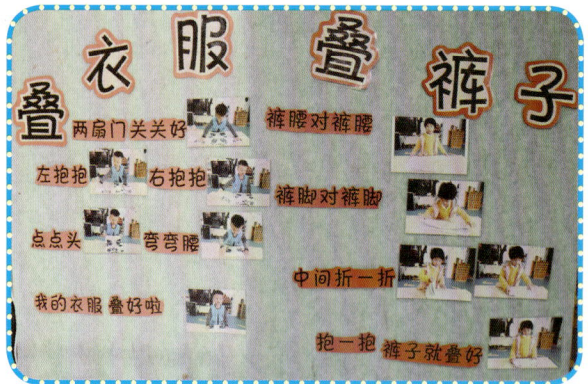

图 51

图 52

活动小策略

朗诵创编的儿歌

教师可以自编叠衣裤的儿歌，利用零散的时间和幼儿多多朗诵，儿歌内容要简洁形象，便于小班幼儿理解和掌握。比如在午睡环节之前，教师可利用散步的时间，和幼儿共同朗诵叠衣裤儿歌，让幼儿熟悉叠衣裤的方法。

创设叠衣裤的环境

教师可以将叠衣裤的每一个步骤以照片的形式直观地呈现出来，引导幼儿观看环境中叠衣裤的方法图示，让幼儿在轻松的环境中学习叠衣裤的具体步骤，从而养成良好的生活自理习惯。

叠衣裤的指导

幼儿脱下衣物之前，教师可以先一边说儿歌一边示范叠衣裤的方法，让幼儿直接观察如何叠好自己的衣裤。幼儿叠好后，教师要及时地逐个检查和指导，检查合格后可以给幼儿点赞，增强幼儿自己整理衣裤的信心，帮助幼儿养成认真叠衣服的好习惯。

活动小贴士

1. 在叠衣服的生活环节，教师要及时关注自理能力较弱的幼儿，更加细致地帮助和鼓励他们完成叠衣服的小任务，增强他们的自信心。

2. 教师也要请家长在家中配合幼儿练习叠衣裤的技能，及时反馈幼儿在家中整理衣物的情况，做到家园同步培养幼儿的好习惯。

3. 检查环节可以请叠衣裤又快又好的幼儿来当值日生，帮助教师共同检查，激励全体幼儿整理衣裤的积极性。

© 赵 宇 2020

图书在版编目 (CIP) 数据

幼儿园生活活动指导 / 邵晓晨, 茅茵主编. -- 大连：辽宁师范大学出版社, 2020.11
（幼儿园教师实践能力指导与培训丛书 / 赵宇主编）
ISBN 978-7-5652-0321-3

Ⅰ．①幼… Ⅱ．①邵… ②茅… Ⅲ．①学前教育—教学参考资料 Ⅳ．① G613

中国版本图书馆 CIP 数据核字 (2020) 第 206361 号

You'eryuan Shenghuo Huodong Zhidao
幼儿园生活活动指导

出 版 人：	王　星
责任编辑：	孙晓艳
责任校对：	衣媛媛
装帧设计：	周佰惠
出 版 者：	辽宁师范大学出版社
地　　址：	大连市黄河路 850 号
网　　址：	http://www.lnnup.net
	http://www.press.lnnu.edu.cn
邮　　编：	116029
营销电话：	（0411）84206854　84215261　82159912（教材）
印 刷 者：	大连图腾彩色印刷有限公司
发 行 者：	辽宁师范大学出版社
幅面尺寸：	185mm × 260mm
印　张：	5
字　数：	80 千字
出版时间：	2020 年 11 月第 1 版
印刷时间：	2020 年 11 月第 1 次印刷
书　号：	ISBN 978-7-5652-0321-3
定　价：	25.00 元